편애

편 애

초판 1쇄 인쇄 | 2023년 08월 15일
지은이 | 복진세
펴낸이 | 이재욱(필명:이승훈)
펴낸곳 | 해드림출판사
주　소 | 서울 영등포구 경인로82길 3-4(문래동1가 39)
　　　　센터플러스빌딩 1004호(우편07371)
전 화 | 02-2612-5552
팩 스 | 02-2688-5568
E-mail | jlee5059@hanmail.net

등록번호　제2013-000076
등록일자　2008년 9월 29일

ISBN　979-11-5634-550-3

매일신문 신춘문예 당선 작가의 자전적 에세이

편애

복진세 수필집

짓눌린 삶의 무게에서 벗어나라

햇볕을 받치는 높은 가지랑 위에는
고추잠자리 나이다닌다.
엄마의 행주치마에서는 늘 먹먹 냄새가 좋았다
아버지는 북방을 데워서 더 높은 세상을 바라보게 해주었다

해드림출판사

차례

1부

고추 먹고 맴맴	11
저승길을 걷다	17
독불장군 없는 법이여	25
편 애	32
막사발의 철학	39

2부

우리 집이 파산(破産)되던 날	48
날아가 버린 꿈	55
개싸움	62
질풍노도의 시절	67
독사가 된 율매기	75

3부

자연을 닮은 생이 아름답다	85
인생과 축생(畜生)	92
가족회의	99
여러분 행복하신가요?	106
내 인생의 블루스	113
걱정하지 말아요(Don't worry)	119
차라리 고통이어라…	124

4부

대(大) 자유인이 되다   131

무애(無礙)의 삶을 살다   137

일체유심소조(一切唯心所造)   142

아제아제바라아제(揭諦揭諦波羅揭諦)   148

방하착(放下着) 하라   154

작은 깨달음 이후, 제대로 된 세상을 보다   158

5부

수필 '막사발의 철학'	168
계화도 사람들	171
홀로 걷는 여행	177
불교 철학은 과학이다	182
상선약수(上善若水)	187
우화(羽化)	192
너의 운명을 사랑하라	199
마치며…….	204

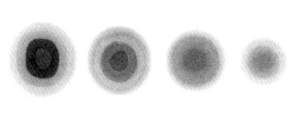

1부

행복했던 어린 시절

내가 걸음마를 시작할 즈음, 우리 가족은 낮은 언덕 위에 있던 집에서 살았다. 우리 집에서 동네가 한눈에 내려다보였다. 멀리 너른 들판과 달리 건너 중학교, 나지막한 앞산, 그리고 복순이네 집이 보였다. 동네 사람들이 다니는 모습을 우리 집에서 한눈에 볼 수 있었다.

마당 끝에는 정갈한 화단이 가꾸어져 있었다. 나는 아장걸음으로 꽃잎에 앉아 있는 나비며 잠자리를 쫓으며 뛰어놀았다. 빨랫줄을 받치는 높은 바지랑대 위에는 고추잠자리가 날아다녔다. 엄마의 행주치마에서는 풀 먹인 냄새가 좋았다. 아버지는 목말을 태워서 더 높은 세상을 바라보게 해주었다.

고추 먹고 맴맴

내 생애 최초 기억은 서너 살 때일 것으로 짐작된다. 동생하고 5살 차이가 나서 동생이 태어났을 때의 기억이 생생하다.

형하고 친척 집에서 며칠 만에 집에 돌아오니 처음 보는 갓난아기가 있었고, 어머니는 동생을 시장에서 사 왔다고 하셨다.

당시 우리 집은 중간에 안방이 있었고, 안방 오른쪽은

작은방이고, 안방 왼쪽에 큰 부엌이 있었다. 안방에서 문을 열고 나오면 툇마루가 있었다.

아래 마당에는 긴 빨랫줄이 가로질러 걸려 있었고, 빨랫줄을 긴 바지랑대가 받치고 있었다.

마당 끝에는 꽃밭이 정갈하게 가꾸어져 있었다. 꽃밭 맨 앞에는 키가 작은 꽃이 있었고, 다음에 중간 크기의 꽃과 키가 큰 해바라기가 줄지어 피어있었다.

탱자나무 담장 밖으로는 들판이 펼쳐져 있고, 들판 끝에는 나지막한 산이 길게 늘어져 있었다.

들판 사이에는 작은 하천이 가로질러 흐르고, 하천 중간에 작은 다리가 놓여 있었다. 다리를 건너면 우리 동네에서 제일 높은 3층 건물의 중학교가 있었다.

누나는 동구 밖 다리 밑에는 용천백이가 산다고 하였다. 나물 캐러 갈 때는 늘 나를 데리고 다녔다.

"그 괴물은 혼자 다니는 어린애를 잡아간다. 그러니 누나 곁에서 떨어지면 안 된다."

누나는 몇 번을 타이르면서 데리고 다녔다.

"누나 용천백이가 뭐야?"

"어린아이를 잡아먹으면 병이 낫는다고 해서 어린애를 잡아가는 거야."

누나는 또 겁을 잔뜩 주었다. 나는 무섭다고 떼를 쓰며 따라가지 않으려고 하면, 누나는 나를 업어서 달래서 데리고 다녔다.

용천백이가 무서워서 풀숲 근처에는 가지도 못하고 바구니를 들고 따라다녔다.

풀숲 근처에는 싱아가 많았다. 싱아를 꺾어 껍질을 벗기고 입안에 넣으면 신맛이 배어 나왔다. 하지만 싱아를 먹고 싶었지만 무서워 갈 수가 없었다. 싱아가 먹고 싶다고 보채면 누나는 한주먹 꺾어다 주었다.

들에는 온갖 나물이 지천이었다. 누나는 쑥이며 냉이, 달래, 씀바귀 등을 캐서 바구니에 담으며 이름을 가르쳐 주었다.

싱아를 까먹는 법도 가르쳐 주었다. 나는 그렇게 들판을 뛰어다니며 메뚜기며 개구리 나비 등과 노는 것도 배웠다.

말똥구리가 소똥으로 경단을 만들어 굴리다가 넘어지는 것을 보고는 깔깔대며 웃었다. 서툰 걸음으로 잠자리를 잡으려고 따라가다가 풀숲 근처에서 넘어져서 울면서 누나한테 달려가곤 하였다.

어느 날 누나하고 나물 캐러 다녀온 뒤에 심한 고열로 앓아누웠다. 나는 용천백이가 따라와서 아프게 하는 것으로 생각하였다. 누나는 내 곁을 지키며 열을 내리도록 찬 수건을 머리에 연달아 놓아 주어 열을 식혀주었다.
"누나, 용천백이가 왜 나를 따라와서 아프게 하는 거야?"
내가 떼를 쓰며 울면서 보채면, 네가 누나 말을 안 들어서 혼나는 거라고 하였다.
그날 이후로 그 괴물은 수시로 나를 찾아와서 아프게 하였다. 내가 세상에서 제일 무서운 게 도깨비도 귀신도 아닌 용천백이었다. 그때부터 나는 앓아누우면 그 괴물이 나를 아프게 하는 것이라고 굳게 믿었다.
엄마도 내가 울거나 떼를 쓰면, 용천백이는 우는 아이를 잡아간다. 뚝 그쳐라. 하셨다. 그 괴물은 항상 나를 따라다니는 것 같았다. 화장실에도, 뒤뜰에도, 내가 혼자 있을 때면 항상 나타나서 나를 괴롭혔다.

어디를 갈 때마다 그가 나타나지 않을까 걱정하며 다닐 만큼 무서워했다.

앞집 복순이네는 밤나무가 세 그루 있었다. 밤꽃이 필 때쯤이면 비릿한 밤꽃 냄새가 코를 간지럽혀 주었다. 밤나무 밑에는 한여름에도 그늘을 만들어 주어 시원하였다.
 나무 밑에 멍석을 깔아 놓고 복순이 하고 소꿉놀이하였다. 내가 술에 취한 아버지 흉내를 내면, 어른들은 배꼽을 쥐고 웃었다.
 정신없이 놀다가 땅거미가 드리울 때면 무서움에, 화들짝 놀라서 울면서 집으로 뛰어 들어갔다. 용천백이한테 자주 놀래서 경기를 하였다.
 그때마다 엄마는 주술을 하는 이웃집 할머니를 불러와 괴물을 쫓아내는 주문을 외우며 춤을 추게 하였다.

어느 날 누나하고 어두운 밤에 냇가에서 반딧불이 놀이를 하고 있었다. 반딧불이를 쫓으며 놀이에 정신이 없을 때였다. '용천백이다!'라고 누나가 고함을 쳤다.
 중학교 교실에서 비치는 불빛이 냇물에 아른거리며 비

치고 있었고, 그 사이에서 알록달록한 옷을 입은 괴물이 우리를 향해서 달려오고 있었다.

도망치고 싶었지만 나는 무서워서 한 발자국도 뗄 수가 없었다. 누나가 달려와서 나를 둘러업고는 집으로 냅다 뛰기 시작했다. 나는 등골이 오싹하여 숨이 멎는 듯하였다.

그날 이후 나는 심한 열병으로 앓아누웠다. 꿈에서 용천백이가 나타나서 나를 괴롭혔다. 식은땀으로 온몸이 젖었다. 열이 심하여 헛것이 보이고 혼절도 여러 번 하였다. 그렇게 여러 날을 보내고 간신히 기운을 차려 일어났지만, 그때 후유증으로 귀앓이가 시작되었다.

오른쪽 귀가 와락거리며 통증이 수시로 찾아왔다. 마치 칼로 귀를 후벼 파는 것처럼 아팠다. 용천백이는 나를 평생 따라다녔다.

나는 중이염 후유증으로 강박관념에 시달리며 평생을 살아야 했다.

저승길을 걷다

뒷집 종국이 아버지는 오늘도 짐승 소리를 내며 울부짖고 있다. 땅거미가 시작될 즈음 시작된 비명은 밤새 고통을 토해내고 새벽에나 겨우 그쳤다.
 친구 아버지는 후발종(後髮腫 : 후발치)을 앓고 계신다. 그 통증의 정도는 들려오는 소리로 가히 짐작되었다.

 용천백이가 종국이 집에 찾아온 것이다. 나는 '이제 나한테도 그 괴물이 찾아오겠지'라며 무서움에 떨었다. 중국이 아버지의 비명은 나에게는 공포의 소리로 들렸다. 그 괴물은 중국이 아버지를 아프게 한 다음에 어김없이 나한테 찾아온다.

중국이 아버지의 비명이 잦아들기 시작할 때쯤이면 용천백이는 어김없이 내 귀를 후벼 파기 시작한다. 귀앓이가 시작된 것이다.

엄청난 통증을 느끼며 나는 다시 앓아누웠다. 오른쪽 귀가 퉁퉁 부어올라 입이 벌어지지 않았다. 음식은커녕 물 한 모금 마실 수가 없다.

귓속의 종기가 터져 피고름이 흘러 베개를 흠뻑 적시고, 고약한 냄새가 온방을 진동하였다. 고열에 시달리다가 심한 통증으로 발버둥을 치다가 혼절하기를 여러 번 하여도, 그놈은 전혀 물러설 기미가 보이지 않는다.

기어이 내 목숨줄을 끊어 놓고서야 물러설 기세다.

어릴 적 용천백이에 놀라서 심하게 앓고 나서, 후유증으로 시작된 귀앓이는, 두세 달 간격으로 나를 괴롭혔다. 날카로운 송곳으로 귀를 쑤셔대는 듯한 통증으로 나는 밤을 꼬박 새우며 울었다.

그러다가 새벽에 혼절하여 정신을 잃으면, 해가 중천일 때 겨우 깨어났다. 어린 내가 감당하기에 너무 힘든 고통이었다.

'어린 나이에 무슨 큰 죄를 지었다고, 하늘은 이렇게 몹쓸 병을 내게 준다는 말인가.' 하고 어린 나이에 하늘을 원망했다. 읍내에 있는 병원에 가서 귀 뒤에 퉁퉁 부은 곳을 수술하고, 고름을 빼는 일도 여러 번 하였다.

그러나 귀앓이는 좀처럼 낫지 않았다. 통증은 두어 달 간격으로 어김없이 찾아왔다.

엄마는 장독대에 정화수 한 그릇 올려놓고 '천지신명(天地神明)님! 우리 아들을 살려주세요.'라며 치성(致誠)을 드렸다.

그러나 천지신명님은 엄마의 청을 전혀 들어주실 마음이 없었던 모양이다. 아버지는 어떤 때는 민간요법으로 치료를 해주셨다.

이름도 모르는 약초를 짓이겨 내 귀에 붙여 주시면서, '애야, 이걸 붙이고 있으면 용천백이는 얼씬도 못 할 거다.

이 약초 냄새는 용천백이가 제일 싫어하거든. 그러니

이제 금세 나을 거다. 조금만 참아라.' 하셨다.

나는 며칠째 물 한 모금 마시지 못하고 고열에 시달리다가 정신을 잃었다. 꿈속에서 어느 낯선 공간에 와 있었다. 사방이 온통 하얀색이고 중앙에 높은 제단이 보였다. 그곳을 지나 한참을 걸어도 아무도 보이지 않았다.

모퉁이를 돌아서는 순간 낮게 깔린 목소리가 들렸다. '너는 누구냐?' '어디에서 온 누구인가?' 엄청난 저음이 공간 가득 울려 퍼졌다. 위엄이 있는 목소리는 마치 동굴 속에서 들리는 듯하였다.

나는 대답 대신 겁에 질린 목소리로 '여기가 어디예요? 내가 여기에 왜 온 거예요?'라고 물었다. 그러자 '여기는 네가 올 곳이 아닌데, 어떻게 여기에 왔느냐?'라는 음성이 들렸다. 나는 아무 대답도 하지 못하였다.

하지만 왠지 무섭지도 않고 평안한 마음이 들었다.

나는 다시 '내가 여기에 왜 있는지 알고 싶어요. 우리 집에 가고 싶어요.'라고 또박또박 이야기하였다. '여기는 죽어서만 올 수 있는 곳이다.'라고 말하더니, 사납게 생긴 사람들이 나를 어디로 데리고 갔다.

그들은 내게 높은 제단 앞에 무릎을 꿇어앉으라고 하였다. 갑자기 누군가 큰소리로 항의하고 있었다.

내가 너무 일찍 이곳에 왔다고 제단을 향하여 항의하였다. 그분은 내 조상이라는 것을 짐작으로 알 수 있었다. 그때 누군가 내 뒷머리를 잡아채는가 싶더니, 갑자기 정신이 몽롱하였다. 심한 충격으로 머리가 몹시 아팠다.

정신을 차리고 보니 내가 공중에서 우리 집을 내려다보고 있었다.

나는 안방 아랫목에 누워 죽어있었고, 어머니는 내 입에 무엇인가를 연신 넣어주고 있었다. 그 액체는 입에 들어가지 않고 흘러내렸다. 죽어있는 내 모습이 보였다.

이웃집 사람들이 내가 입고 갈 수의를 만들고 있었고, 마당에는 동네 청년들이 삽과 곡괭이를 손에 들고 있었다. 지게에는 가마때기가 얹혀 있었다.

나를 지게에 싣고 가서 산에 묻을 준비를 하는 듯했다. '세상에나! 내가 죽다니…….' 믿을 수가 없었다. '엄마 나 죽기 싫어! 용천백이 내가 죽여 버릴 거야……!'라고 발버둥 치며 고함을 치는 순간, 현실의 나로 돌아왔다.

공중에서 내 영혼이 보았던 모습 그대로 어머니는 울고 계셨고, 아버지는 내 몸이 굳지 않도록 팔다리를 가지런히 주무르고 있었다. '엄마 나 안 죽어, 울지 마!' 동네 사람들은 놀라서 기적이 일어났다고 수군거렸다. '세상에 내가 죽었다가 살아나다니…… 이럴 수가 있다니……. 이놈의 용천백이 내 손으로 죽여 버리겠다.'라고 다짐하였다.

내가 죽어있던 곳은 병원이 아니었다. 의사도, 왕진 가방도, 보이지 않았다. 상황을 잠시 파악하고, 나는 깊은 슬픔에 잠겼다.

부모님은 나를 살리기 위한 어떠한 노력도 하지 않은 거 같았다. 오로지 죽기를 기다려 멍석으로 말아서 지게에 지고 가시 산에 묻을 작정이었던 거 같았다. 그 누구도 나를 살리거나 지키려고 노력한 모습을 볼 수가 없었.

짧은 인생을 이렇게 허망하게 마칠 수는 없었다. 그렇다면 나는 내가 스스로 살아야겠다고 다짐을 하였다.

나는 다시 일어나 앉아 있고 싶었지만, 팔다리가 움직여지지 않았다. 오랫동안 아무것도 먹지 못하여 뼈와 살이 붙어 있었다. 힘을 쓸 수도 없고 고개를 돌릴 수도 없었다.

'이대로 다시 살아 일어날 수 있을까?' 무슨 말을 하고 싶었지만, 입이 벌어지지 않아서 한마디도 할 수가 없었다.

팔을 들 힘조차 남아 있지 않았다. 그저 엄마한테 눈짓으로 미음을 끓여 입에 넣어 달라고 애원하였다. 어머니는 용케 알아듣고 멀건 미음을 끓여다가 한 숟가락씩 입에 넣어주었다.

며칠 후 겨우 기력을 회복하여 간신히 일어나 앉을 수 있었다.

이렇게 허무하게 짧은 생을 마칠 수는 없다는 간절함이 나를 다시 일으켜 세운 것이다. 부모님은 잦은 병치레를 하는 나를 살리고자 많은 고생을 하셨다.

하지만 이제는 지쳤는지 포기한 거 같았다.

아무도 나를 지켜 주지 않는다면, 그것이 현실이라면 그놈의 용천백이를 내 손으로 때려잡고 나서 살아야겠다고 다짐하였다.

그렇게 처절하게 복수의 칼을 갈았다. 나는 그렇게 입을 옹다물고 나를 스스로 지켜야겠다고 다짐하는 날이 많아졌다.

그러던 중 나는 기적처럼 다시 일어나 정상 생활을 할 수 있었다. 이때부터 나의 처절한 삶의 시초가 되었다.

독불장군 없는 법이여

"육시랄 놈! 뭣이 그리 급하다고 먼저 가서 제 부모 가슴에 못을 박는지 원." 아버지는 취한 몸을 가누며 사립문을 열고 집안으로 들어서면서 한마디 하신다.
"뭐라고요? 아버지?"
"아, 지어미 아비 눈물 쏙 빼놓고 부모 앞서서 가는 놈한테 하는 말이여!"
아버지는 건넛마을 박 첨지 댁 초상집에 다녀오시는 중이다.

예전에는 동네의 대소사를 치를 때 마을 사람들이 모여서 함께 도왔다. 초상이 나면 남정네들은 지관을 앞세워 산소 자리를 팠다. 아낙들은 부엌에서 문상객에게 대접할 음식을 장만했다.

마당에서는 돼지를 잡고, 과방에서는 제사상에 올릴 과일이며 과줄을 높이 쌓아 올리는 작업이 한창이다. 또 다른 곳에서는 남자들이 관을 짰다.

솜씨 좋은 아낙들은 망자에게 입힐 삼베옷을 만들었다. 염을 하는 사람이 삼베옷을 곱게 입혀 입관하면은 초상집 분위기는 절정에 이른다.

아버지는 염(殮)장이셨다. 먼길 떠나시는 분을 단장하고 삼베옷을 입혀주는 것이다. 솜씨가 좋있는지 동네 이르신들은 술자리에서 농담 삼아서 염을 부탁하고는 하였다.

어떤 어르신들은 아버지가 입혀주는 옷을 입고 가고 싶다고 했다. 그러면 좋은 곳으로 갈 수 있다고 믿고 있는 듯하였다.

나는 아버지가 염하는 것을 영 못마땅하게 생각했다.

"아버지 그 일은 이제 다른 사람들한테 맡기세요. 염을 하시는 것이 부끄러워서 그래요."

난 투정을 부렸다.

"난들 하고 싶어서 하는지 아느냐? 궂은일 할 사람이 없으니 내가 하는 것이여. 궂은일 할 사람이 없으면 그 많은 귀신 옷도 못 입고 그 먼길을 떠날 텐데 그러면 쓰겠냐."

하신다. 어떤 때는 요령(搖鈴)을 잡고 상여 행렬을 이끄는 모습을 자주 보았다. 목격할 때마다 나는 창피하여 친구들의 손을 이끌고 먼길을 돌아다녔다.

아버지는 타고난 농사꾼이셨다. 벼농사를 이십여 마지기 정도, 밭농사도 수천 평을 직접 부치셨다. 그러시라면 한시도 쉴 틈이 없었지만, 동네의 경조사가 있을 때마다 아버지는 단 한 번도 거르지 않고 일을 도왔다.

"사람은 혼자서는 절대로 살 수 없는 것이다. 서로 십시일반으로 힘을 합치면 마을의 대소사를 치르지 못할 것이 없다."

"누구는 쉬운 일만 챙기며 생색을 내고 내 농사일 바

쁘다고 마을 일에 참여하지 않으면 막상 우리 집 애경사 때는 누가 오겠느냐?"

하시면서 투정을 하는 나를 달래고는 하였다.

아버지는 재 넘어 하천 변에 자갈밭을 일구어 수천 평을 직접 경작하셨다. 장마철만 되면 농작물이 범람한 물에 모조리 쓸려나가면 아버지는 또다시 밭을 일구었다. 나는 그러시는 아버지가 영 못마땅하였다.

나는 아버지를 바보라고 생각하였다. 불평하는 나를 바라보시며 늘 따뜻하게 말씀하셨다.

"사람이 욕심을 내면 쓰겠냐. 하늘이 주는 것만 거두어 먹고살면 되는 것이여. 그래도 열심히 사는 사람들에게는 굶이 죽게는 하지 않는 법이다!"

아버지는 자갈밭 한구석에는 참외며 수박 오이를 심었다. 큰물이 지나가면 아버지는 넘어진 줄기를 다시 세워 주었다.

물을 길어다 진흙투성이인 잎을 닦아 주고 넘어진 줄기는 기둥을 세워서 묶어 주면 힘을 내서 제법 잘 자라 주었다.

"실한 놈 몇 지게만 건지면 그만 이여."

밭에서 애써 기른 참외며 수박 오이 가지 등을 동네 사람들에게 나누어 주었다.

"우리는 푸성귀 귀한 줄 모르고 잘 먹고 살지만, 점방, 놋그릇 공장 사람들은 이런 거 모두 돈 주고 사 먹어야 한다."

애써 가꾼 채소를 이웃에게 한 아름씩 나누어 주는 모습을 보며 나는 속으로 생각했다. '우리 아버지는 바보임이 분명하다. 푸성귀를 시장에 내다 팔면은 내가 그토록 갖고 싶어 하는 24색 크레파스며 책상 위에 근사하게 올려놓을 수 있는 전기조명 하나쯤은 사주고도 남을 텐데.'

들일을 할 때 새참을 먹을 때면 고수레를 사방에 뿌리고 나서 일꾼들과 나누어 먹었다. 어떤 때는 내게 음식이며 막걸리를 동서남북으로 갖다 놓으라고 하셨다.

나는 귀한 음식을 왜 버리라고 하는지 도통 모르겠다는 표정을 지었다.

"음식 냄새 맡고 굶주린 동물들이 달려들면, 어쩌겠느냐. 미물들도 먹어야지 않겠냐. 세상에는 독불장군은 없는 법이여."

 도통 알아듣지 못하는 이야기만 하시고는 제법 큰 뭉치로 음식을 떠서 갖다 놓으라고 하였다.

 가을에는 시루떡을 두어 시루 쪄내었다. 한 시루는 동네 집집이 돌리고 한 시루는 우리가 먹었다. 먹기 전에 집 안 구석구석에 떡을 갖다 놓으라고 하셨다. 대문이며 우물가 화장실 헛간 등등에 떡을 나누어 갖다 놓고 난 다음에 우리가 먹을 수 있었다.

"냄새 맡고 쥐새끼들이 집 안으로 들어오면 어쩌겠냐? 너희들 물어 버릴까 봐서 그러는 것이여. 잔말 말고 갖다 놓고 와라."

 내 나이가 불혹을 넘어 지천명을 지난 다음에야 아버지의 깊은 뜻을 알게 되었다. 이웃과 땅의 경계 문제로 송사에 매달린 일이 있었다.

 마을 원로 어르신들이 모두 우리 땅이라고 송사를 마무리하였는데도 아버지는 옆집 사람의 요구대로 선뜻 귀한 땅을 양보하신 이유를 늦은 나이에 알게 되었다. 아버지는 바보같이 사신 분이 아니었다.

아버지가 먼길 떠나실 때 문상객들이 줄을 이었다. 그때 비로소 나는 아버지가 바보가 아니었다는 사실을 깨닫게 되었다. 길게 늘어선 만장대를 보고서 그래도 아버지가 잘 사시다가 가셨다고 생각을 해본다. 아버지가 가신 계절에 아버지를 생각한다.

편애

예전의 우리 집은 여느 집처럼 장자 우선주의였다. 형 외는 자식 취급받기가 쉽지 않았다. 형이 원하면 안 되는 것이 없었고, 그런 형이 부러웠지만 어린 나로서는 부모님께 항의할 수가 없었다.

내 뜻대로 할 수 있는 것은 하나도 없었다. 밥상에는 형이 좋아하는 김이며 조기 등 맛난 반찬이 자주 올라왔지만 나는 먹지 못했다. 부모님이,

"이것은 형이 먹을 거다."

한마디 하시면 우리는 감히 그 반찬에 젓가락을 얹지 못했다. 제사를 지낸 음식도 형이 독차지하여 실컷 먹고 난 다음에 남은 것을 겨우 얻어먹을 수 있었다. 먹겠다고 투정을 부렸다가는 언제 날아올지 모르는 매질을 각오해야 했다.

서러움 중에 제 일이 먹는 서러움이라고 하였던가.

그저 부모님 말씀대로 고분고분하고 형한테 대들지 않으면 효자 소리를 들었다. 공부도 제법 하였으나 한 번도 칭찬을 들을 수도 없었다. 부모님은 나에게,

"형은 아버지 다음이다. 무슨 일이 있어도 형한테 대들거나 말대꾸하면 안 된다."

라고 가르쳤다. 그렇게 배워서인지 나는 형의 부당한 행동에도 항의 한번 못하고 꼼짝없이 매질을 견디어야만 했다.

어느 날, 밥을 먹고 있는데 형이 갑자기 숟가락으로 내 머리통을 후려쳤다. 영문도 모르고 얻어맞고는 아무 말도 못 하고 형을 쳐다보았다.

"야 이놈아, 왜 음식을 소리가 나게 처먹어 인마! 시끄

러워 못 먹겠다."

나는 큰 눈을 끔벅이며 엄마를 쳐다보았다. 내 편을 들어 달라는 무언의 항의였다. 엄마는

"조용히 먹어라. 형이 시끄럽다잖아."

눈에 눈물이 핑 돌아 그렁그렁 매달려 곧 밥으로 떨어질 거 같았다.

"뭐해! 빨리 밥 처먹지 않고."

아버지가 없는 식사 시간에는 나는 공포에 떨어야 했다. 너무 겁이 나서 먹은 음식이 소화되질 않았다. 하지만 쉽사리 일어설 수가 없는 분위기다.

그렇게 먹은 음식이 제대로 소화될 리가 없다. 즉시 체하여 토악질해대면, 이웃집 침쟁이를 부르고 야단법석을 치르고 나서 겨우 잠자리에 들 수 있었다.

형은 아버지가 안 계실 때는 아무런 이유도 없이 나를 때렸다. 엄마는 형을 나무라거나 내 편을 들어 주는 적이 없다. 서러움을 참다가 울면서 부엌으로 들어가면 엄마는 오히려,

"시끄럽다. 형 성질을 알면서 왜 형을 건드려서 맞고 울고, 지랄이냐."

하며 부지깽이로 등짝을 후려갈긴다.

"내가 무엇을 잘못하였다고요. 밥을 먹는데 밥 먹는 소리가 나지, 그럼 무슨 소리가 난대요."

라고 앙칼지게 쏘아붙이고는 냅다 도망하였다가, 해가 뉘엿뉘엿 질 때쯤 혼자 조용히 부엌에 숨어서 찬밥을 먹고 잠자리에 들어야 하였다. 내 편은 아무도 없었다. 서러웠다.

집안일은 언제나 내가 도맡아 하였다. 어린 몸으로 견디기 힘들었지만, 반항하거나 꾀를 부리면 아버지는 나에게 지게 작대기를 휘둘러 대었다. 소에게 먹일 꼴을 지게 가득 베어 와야 하고, 소죽도 쑤어야 했다.

부엌에 물을 길어다가 물동이를 한가득 채워야 하고, 쌀을 안쳐 놓은 가마솥에 불을 지피는 것도 내 몫이었다. 잠시 짬을 내어 쉬고 있을라치면 방바닥도 쓸고 닦으라고 성화이다.

중학교 때는 방학이나 공휴일에 기와를 만드는 공장에서 일하였다. 어른들도 힘들다는 막일은 어린 내가 감당하기가 쉽지 않았다. 허리며 팔, 다리가 끊어질 것 같은 고통을 참아야 했다.

 몸을 움직일 때마다 입에서 신음이 흘러나왔다. 그렇게 힘들게 일해서 받은 돈은 모조리 어머니한테 빼앗기고 책 한 권 사볼 돈, 한 푼도 받지 못했다.

 방과 후에는 내가 제일 좋아하는 학교 도서관에서 책을 빌려 보고 싶었다. 하지만 매일 집안일을 거들어야 하는 나에게는 꿈에 불과하였다.

 어느 날은 시험 준비 기간에 참고서를 빌려서 시험공부를 하고 집에 늦게 간 적이 있었다. 물론, 그날도 집안일이 걱정이었지만, 부모님께 얻어맞을 각오를 하고 참고서를 빌려 공부를 한 것이다.

 심한 매질이 나를 기다리고 있었다. 매를 맞고 난 후, 실컷 울고 난 다음에 밥을 먹는데, 아버지의 잔소리가 끊이지 않는다. 밥을 씹는 건지 모래알을 씹는 건지, 이런 분위기에서는 도저히 밥을 먹을 수가 없었다.

 밥알을 깨작대고 있으니 빨리 먹으라고 어머니가 성화이시다. 더 머뭇거리다가는 무슨 봉변을 당할지 모른다. 밥을 먹는다기보다는 입안으로 꾸역꾸역 욱여넣으니 소화는 되지 않고 숨을 쉬기조차 버겁다.

겨우 일어나 동구 밖에 나가서 토악질로 먹은 것을 게워내고서야 겨우 숨을 쉴 수 있었다.

태어난 순서가 형보다 늦다는 이유로 심한 편애를 당하며 서러움을 감내하며 살아왔다. 나는 성격이 모나지도 부족하지도 않은 평범한 사내아이였다. 몸이 좀 허약하기는 하였으나 나는 형제들 중에서 공부도 제일 잘하였다.

하지만 어느 것 하나도 인정받지도 못하고 그저 상갓집 개처럼 화풀이 대상일 뿐 그 무엇도 아니었다. 사는 것이 너무 힘들어 중학교 때는 자살 소동으로 나의 뜻을 세상에 알렸다. 하지만 세상은 변한 것 하나 없이 그대로였다.

어릴 적부터 부모한테 차별을 당하며 자라온 기억은 평생 나를 힘들게 한다. 이순이 넘은 나이지만 지금도 문득 그때 생각이 나면 가슴이 먹먹해지고 눈앞이 흐려진다.

노자는 '생이불유 위이불시(生而不有 爲而不恃)'라 하여, 자식을 낳았다고 해서 소유하거나 지배하려고 하면

안 된다고 가르친다. 부모는 자식이 잘 자랄 수 있도록 멀리서 지켜보며 환경을 조성하여 주고 힘들어하면 도와주면 그만이다. 넓은 들(땅)은 꽃을 자라게 할 뿐 소유하려 하지 않는다.

부모들은 마치 자식을 자신의 소유물처럼 여긴다. 나는 두 아들을 키우면서 골고루 사랑을 나누어 주었다. 지금은 기대한 만큼 본인들이 하고 싶은 일을 하며 행복해한다. 형제 둘이서 서로 도와가며 잘살고 있어 대견스럽다.

이제는 잘 자라 준 아이들을 보면 위안이 되어 아픈 기억이 치유되고 있어 그나마 다행스러운 일이다.

막사발의 철학
2022년 매일 신춘문예 당선작

    한국의 그릇에는 도자기와 막사발이 있다. 가만히 보면 생김새도 다르고 쓰임도 달라서 재미있다. 사람도 도자기 같은 사람이 있고 막사발 같은 사람이 있다.

    도자기는 관요에서 이름난 도공에 의하여 질흙으로 빚어서 높은 온도에서 구워낸다. 도자기는 관상용 또는 화병이나 찻잔, 식기 등으로도 널리 사용되었다. 대부분은 만들어질 때부터 용도가 정하여진다. 격식 있는 상을 차릴 때는 밥그릇 국그릇 탕기 찜기 접시며 주병 등과 같이 정해진 용도대로 사용해야 한다. 국그릇에 밥을 담을 수는 없다.

 그릇 하나에 하나의 용도만이 정하여졌다. 도자기는 활용 면에서 보면 매우 편협한 그릇이다. 사용하지 않을 때는 깨끗이 닦아서 장식장 등에 전시되어 관상용으로 사용된다. 행여 다칠세라 다루기에도 여간 조심스럽지 않다.

 우리 집 대청마루 장식장에는 꽃무늬가 선명한 도자기가 항시 진열되어 있었다. 언뜻 보아도 값이 꽤 나가는 듯 우아한 자태를 뽐내고 있다. 어머니가 시집와서 처음으로 샀다는 도자기는 어머니가 가장 자랑하고 싶은 목록 중 으뜸이있다.
 우리 집 도자기는 귀한 손님이 오실 때나 아버지 생신 등 특별한 날을 제외하고는 늘 장식장에 모셔져 있다. 어머니는 훤칠한 키에 뽀얀 살결을 가지고 도자기를 닮은 형을 무척 사랑하셨다.
 그도 그럴 것이 형은 장인 소리를 들을 만큼 빼어난 솜씨를 가진 꽤 유명한 전문가였다. 전문가는 자기 직분만

충실하면 된다. 그런 면에서 도자기 그릇과 닮았다.

막사발의 모양새는 투박하나 기품이 있어 보인다. 두껍고 거친 겉면은 부드럽지 않으나 기세등등한 장수의 넉넉함을 닮았다. 하늘을 향하여 벌린 주둥이는 당당하고 모두를 품을 수 있는 여유로움을 가졌다.

자세히 보고 있노라면 수수하고 꾸미지 않은 자연미에 빠져든다. 도자기와 같이 일상생활에 주로 식기로 사용되었으나 사용 빈도 면에서는 막사발이 단연 앞선다. 막사발은 음식의 종류를 가리지 않고 무엇이든 담아낸다.

도자기가 용도 외에는 사용되기를 거부하는 이기심 많은 그릇이라면, 막사발은 다양성과 포용성을 지닌 서민들의 그릇이다.

형은 특별한 용도로만 사용되는 도자기를 닮았다. 형은 당연히 전문가의 일 외에는 집안일을 전혀 거들지 않아도 되는 특권을 가졌다.

당연히 집안 심부름이며 잡일은 내가 도맡아 하였다. 어머니는 나를 종그락이라고 불렀다. 작은 표주박인 종그락처럼 부리기에 부담스럽지 않고 언제든지 손에 끼고 다니며 온갖 일을 맡기기에 좋다는 뜻일 것이다.

나는 도자기를 닮은 형이 부러웠다.

그릇은 채워졌을 때는 그 용도를 다한 것이다. 다시 비워졌을 때 비로소 그릇의 임무를 다시 할 수 있다. 그러나 오랫동안 비어 있어도 그릇 본연의 의무를 하지 못한 것이다.

나는 막사발처럼 내용물을 가리지 않고 언제든지 채우고 비울 수 있는 그릇이 좋다. 공자는 논어 위정 편에서 君子不器 군자불기를 가르쳤다.

"군자는 일정한 용도로 쓰이는 그릇과 같아서는 아니 된다."

"군자는 한 가지 재능에만 얽매이지 말고 두루 살피고 원만하여야 한다."라고 하였다.

우리나라는 산업사회로 발전하면서 해당 분야의 전문가를 키우는 데 혈안이 된 적이 있다. 그래서인지 언제부터인가 우리 사회는 심각한 개인주의로 빠져드는 경향이 있다. 개인 이기심이 극치를 이룬다.

정치인들도 국가나 국민의 안위보다는 자기 개인이나

정당의 이익만 좇는다. 도자기처럼 편협하다는 생각이 든다. 현대사회는 전문가도 필요한 세상이지만 세상 살아가는 이치를 깨닫고 더불어 살아가는 법을 아는 막사발처럼 넉넉함을 가진 사람들이 더 필요하다.

스마트폰은 현대 문명의 총아다. 그 원리가 막사발을 닮았다. 모든 걸 다 담았기 때문이다. 막사발은 구시대의 유물이 아니다. 오히려 최첨단 그릇이다.

막사발은 막 만들어서 막사발인지, 막 사용하여서 막사발인지는 분명하지 않다. 나는 후자의 편이다.

막 사용하다가 금이 가거나 이가 빠져도 사용하는 데는 문제가 없다. 행여 다칠세라 아까워서 사용하지 못하고 구경만 하는 도자기를 대신하여, 집안의 온갖 행사에 불려 다니며 고생을 한다.

온몸이 만신창이가 되어 국물이 새거나, 깨진 부분이 일정 선을 넘으면 그때야 버려진다. 아니 재수가 좋으면 개밥그릇으로 용도가 지정된다. 처음으로 이름이 지어진 것이다.

"개 밥그릇……!"

개의 식사 시간을 제외하고 나머지는 자유 시간이다.

가끔 술 취한 주인장의 호된 발길질에 채이기 전까지는 말이다.

　도자기를 닮은 첫아들인 형은 천수를 다하지 못하고 어머니를 앞서갔다. 정해진 용도대로 자기만의 길을 걷다가 장식장에 갇힌 채로 간 것이다.
　'한 마리 산토끼를 잡으려고 온종일 산속을 헤매다가, 아름다운 경치는 구경도 못 해보고, 해 질 녘에 내려와 잠드는 것이 우리네 인생인 것을 모른 채로……!'
　그토록 도자기를 사랑하던 어머니도 도자기의 사망 소식을 모른 채 종그락만을 남겨 둔 채 소천하셨다.
　온갖 궂은일을 마다하지 않는 막사발이 되고 싶다. 형이 부러워 도자기처럼 생각 없이 살다 보니 이기심으로 살아온 지난날들이 후회스럽다.
　여생은 막사발을 닮은 넉넉함으로 살아가리라. 설혹 개밥그릇이 되면 어떠하랴.

2부

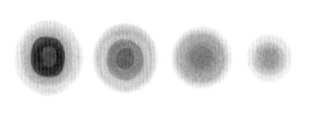

사춘기 방황의 시작

사춘기가 막 시작할 때쯤, 우리 집이 파산(破産)했다. 우리 집의 파산은 내 꿈을 모두 포기하는 일과 맞물려 있었다. 심한 사춘기 통을 겪으면서 심한 방황을 하였다. 고등학교 진학을 못 하고, 지게를 지고 농사일을 하면서 수없이 울었던 기억이 나를 우울하게 한다.

이대로 주저앉을 수는 없었다. 어렵게 고등학교에 진학하였다. 나의 모든 것을 바꾸어 놓았다. 하지만 나의 성격은 점점 더 거칠어 가고 있었다. 사고뭉치로 둔갑한 고교생활은 질풍 노드의 시절이었다. 너무 힘들어 모두 포기하고 싶었지만, 적당히 이겨 낼 수 있었다.

한동안 음악에 빠져 살았다. 전기기타의 거친 록(Rock) 선율에 인생을 맡겨 살았다. 때로는 반항도 하고 스스로 사회에 저항하면서 자유를 향한 여정은 계속되었다.

거친 내 인생은 그렇게 덧없이 흘러가고 있었다.

우리 집이 파산(破産)되던 날

오늘은 우리 집이 파산(破産)되는 날이다. 빚이 점점 불어나서 원금과 이자를 감당할 수가 없게 되자, 아버지는 남아 있는 전 재산을 처분하여, 채권자들에게 나누어 주기로 하였다.

진행은 동네 원로회의 어르신들이 맡아 하기로 하고, 채권자들을 집으로 불러 모았다.

채권자들이 모두 모이자 파산절차가 시작되었다. 개시 선언을 하기 전에 원로 어르신이 나에게,

"이 집 대표로 네가 전 과정을 지켜보아라."

아버지는 아직 중학생인 나에게 참관하라고 하셨다.

형은 군에 가 있었고, 아버지는 차마 못 보겠다며 친척 집에 가 계셔서, 어쩔 수 없이 내가 지켜보기로 한 것이다.

아버지는 부지런하고 열심히 사신 분이다. 마을 공동체를 위하여 궂은일을 도맡아 하시며, 본인의 이익보다, 동네 사람들한테 베풀며 사신 분이라고, 모두가 인정하였다.

천생 농사꾼으로 살아온 아버지는, 무일푼으로 시작하여 어머니를 만나서 결혼하여 집도 사고 제법 많은 논과 밭을 가진 중농(中農) 소리를 들을 정도로 부자가 되었다.

아버지는 4남매를 키우며 먹고사는 데 전혀 문제가 없었다.

가세가 기울기 시작한 것은 어머니가 계주(契主)를 맡고부터다. 처음에는 일반계원으로 참여하였다. 그런데 계주가 곗돈을 태워주지 않고 돈을 모두 챙겨 도망을 쳤다.

어머니는 계주에게 떼인 금액을 보전하기 위해 나머지 계원들을 모아 직접 계주를 맡은 것이 화근이었다. 계원 중 일부가 곗돈을 타 먹고 도주하는 사건이 연달아 터진 것이다.

어머니가 가장 힘들어할 때, 형은 자주 사고를 치고 다녔다. 형이 경찰서에 잡혀가면, 어머니는 형을 빼내려고 또다시 빚을 지게 되었다. 이런 악순환이 되풀이되었고, 당연히 집안은 엉망이 되어 버렸다.

엎친 데 덮친 격으로 몇 년 동안 흉년이 들어 빚은 눈덩이처럼 불어났다.

뼛골 빠지게 일을 하여도, 불어나는 이자를 감당하기 어렵게 되자, 아버지는 동네 원로 분과 상의를 하여, 파산 신청을 하고 동네 원로회의에 도움을 요청한 것이나.

아버지는 송곳 하나 꽂을 만한 땅도 남기지 않고 모두 처분하여, 파산 신청을 하였다.

처분한 재산이, 전체 빚보다 적었기 때문에, 각자가 만족할 만한 배당이 돌아가지 않았다. 당연히 여기저기서 불만이 터져 나왔다.

더 내놓으라고 악다구니를 쓰는 사람, 방바닥을 치며 장탄식하는 사람, 하늘에 대고 쌍욕을 해대는 사람, 등등 어린 내가 차마 눈 뜨고 보기 힘든 광경이 벌어지고 있었다.

아버지와 친형제처럼 가깝게 지내시던 동네 어르신도 있었고, 아버지를 형님이라고 부르던 어른도 있었다.

젊은 부부는 아버지를 부모처럼 생각하며 우리 집에서 신혼생활을 하였다.

모두 돈 앞에서는 예의도 체면도 없는 거 같았다.

"너 엄마가 재산을 빼돌린 것을 알고 있지, 말하지 않으면 혼난다."

어떤 분은 나에게 공갈 협박도 한다.

건넛마을 박 첨지께서는 그런 와중에도 마음 써 주셨다.

"나는 이 돈 없어도 산다. 네 아버지가 평생 이웃에게 베푼 정을 생각하면, 이 돈을 받을 수 없다."

박 첨지께서 받은 돈을 모두 내게 쥐여 주신다. 또 옆집 젊은 부부는 울고 있는 나에게 다가와서 제법 큰 뭉

치의 돈을 나눠 주면서,

"어머니하고 다시 살아야 하지 않겠냐? 힘내라."

하며 용기를 북돋아 주신다. 다른 분들도 받은 돈 일부를 다시 돌려주며, 용기를 잃지 말라고 위로해 주신다.

나는 모든 채권자분께 머리를 숙여, 부모님 대신 큰절을 올리며 사과하였다.

"제발 저희 부모님을 용서하여 주세요. 제가 빨리 커서 돈을 벌면, 오늘 못 갚은 돈을 꼭 갚겠습니다."

하면서 울먹였다. 오늘의 기록을 정리한 장부를 나에게 전하고, 원로분들이 떠나면서 모든 일이 종료되었다.

어머니는 부엌에서 그동안의 서러움을 털어내듯 울고 계셨다. 그 모습을 보고 있는 내 가슴도 미어졌다.

그동안 빚 독촉으로 마음고생을 하신 부모님을 생각하니 눈물이 절로 흐른다.

그 무엇으로도 위로를 대신에 할 수 없었다.

"어찌 되었건 살아 있는 사람은 살아야 한다."

나는 혼잣말로 중얼거리고, 어머니한테 다가가서 마음을 다하여 위로를 했다.

"엄마 이제는 마음 편히 사세요. 이렇게 끝난 것이 다행입니다. 내가 얼른 커서 돈을 벌어 효도할게요."

어머니에게 나의 위로가 아무 소용없다는 것을 알지만 그때는 그렇게 하고 싶었다.

나는 어머니를 부둥켜안고 한참을 흐느껴 울었다. '어머니 실컷 우세요. 그동안의 서러움을 오늘 모두 쏟아 내시고 내일부터 다시 살아가요.'라고 말하고 싶었다.

부모님은 파산 후에 동네를 떠나 다른 곳으로 이사를 가려고 하였다. 하지만 동네 사람들이 떠나지 말고, 이 동네에서 같이 살자고 극구 말렸다.

아버지는 그날의 충격으로 빠르게 늙어 가셨다. 앓아 눕는 날이 많았고, 평생 하시던 농사일은 전혀 할 수가 없었다.

아버지는 실어증이 걸린 사람처럼 좀처럼 입을 열지 않으셨다. 곡기를 끊고 술을 마시는 날이 많아졌다.

평생을 바쳐 일궈낸 재산이 하루아침에 남의 것이 되어 버렸으니 아버지의 충격은 나는 상상조차 할 수 없었다.

아버지는 신장병을 앓고 계셨다. 병이 깊어질수록, 할

머니 산소 쪽을 바라보며 한숨을 쉬는 날이 많아지셨다.

"너희들 고생시키지 말고 가야 하는데,"

하시며 깊은숨을 몰아쉬셨다.

날아가 버린 꿈

  우리 집의 파산은 결국, 내 꿈을 모두 접어야 하는 의미였다. 부모님은 육성회비는커녕, 책 한 권, 공책 한 권 사줄 형편이 안 되었다.
 어느 날 담임선생님은 수업 시간에 나를 불러서, 출석부로 머리통을 후려갈겼다.
 "육성회비 가져오기 전에는 학교에 오지 마라."
 선생님은 교실에서 나를 내쫓았다.
 집에는 겨우 먹고살 돈도 부족하다는 것을 잘 알고 있

던 나는, 집으로 갈 수가 없었다. 그길로 뒷동산에 올라가서 우리 집을 바라보며 서럽게 울었다. 그때 지나가던 동네 형이 나를 발견하였다.

"왜 울고 있어? 학교에 있을 시간에 왜 여기 있어?"

형이 꼬치꼬치 물었지만, 나는 아무 말도 할 수 없었고 하고 싶지도 않아 입을 다물었다.

학교가 파할 시간까지 기다려, 땅거미가 드리울 때쯤 집으로 몰래 숨어 들어갔다. 그때 마침 소여물을 끓이고 계시던 어머니와 눈이 마주쳤다.

울어서 퉁퉁 부은 얼굴로, 풀이 죽어 어깨를 늘어뜨리고 들어오는 나를 보고, 어머니는 나를 물끄러미 바라보시며 한마디 하셨다.

"무슨 일이 있었느냐?"

어머니 말씀에 나는 한마디도 대답할 수가 없었다. 대답이 없자 어머니는 부지깽이로 등짝을 후려갈겼다. 그렇지만 나는 끝내 말을 하지 않았다. 어머니를 마음 아프게 할 수 없었다.

늦은 시간에 들어오신 아버지도 화가 나서 나를 불러

세웠다.

"다 들었다. 왜 학교도 가지 않고 뒷동산에서 울고 있었느냐?"

내 마음을 짐작도 못하시는 아버지는 호되게 야단을 쳤다. 하지만 나는 아무 대답도 할 수가 없었다.

상위권이던 성적이 급격히 떨어지자, 담임선생님이 교무실로 나를 불렀다. 선생님은 처음엔 꾸짖다가, 걱정되었던 모양이다.

"무슨 일이 있느냐?"

"이제 공부는 못할 거 같아요. 돈을 벌어야 합니다."

엉엉 우는 나를 선생님은 애처롭게 바라볼 뿐, 아무 말씀도 없으셨다.

파산되고 나서 아버지는 나에게 역정을 내시는 일이 잦았다. 당시 나는 사춘기였지만, 아버지께 반항할 수 없었다.

나는 아버지 목소리가 들리는 날에는, 집에 들어가지 않았다. 밖에서 떠돌다가 집안의 불이 꺼지기를 기다려, 몰래 부엌에 들어가 찬밥으로 허기를 채우고, 차가운 사랑방에서 혼자 잠을 잤다.

어머니는 부엌 구석에 따로 밥상을 차려 놓으셨다. 나는 어머니가 차려 놓으신 눈물 밥을 먹으며 하루하루 견디고 있었다.

나는 집의 파산으로 사춘기를 정말 힘들게 보냈다. 그러다 보니 동네에서 순둥이로 불리던 내 성격은 점점 변하여 갔다.

동네 친구들과 술, 담배를 즐기며, 이웃 마을 애들과 패싸움도 하였다. 어느덧 내가 싸움을 즐기고 있다는 생각이 들었다. 한 주먹에 상대가 나가떨어지면 희열까지 느껴졌다.

이때부터 나는 심한 스트레스로 방황을 하였다. 아무 이유도 없이 친구들과 어울려 싸움질을 하고 다녔다.

나보다 강한 놈과 시비를 붙어 싸우는 일을 즐겼다. 나는 누구와 맞붙어 싸우지 않으면, 마치 심장이 터질 것만 같았다.

나는 스스로 살기 위해 그렇게 변해 가고 있었다. 심한 귀앓이로 죽다 살아나기도 하고, 무서운 용천백이와 싸우며 살던 내가 아닌가? 갈 데까지 모두 가본 나는 이제는 겁나는 것이 없었다.

그전까지 나는 모범생이었다. 공부하는 것이 즐거웠고, 독서를 좋아하였다. 특별활동부에서 미술부 활동도 열심히 하였었다.

하지만, 모든 꿈을 접고 돈벌이를 하여야 한다는 생각에 좀처럼 마음을 안정시킬 수 없다.

이때부터 고등학교에 진학하지 못한다면, 나는 무엇을 하고 살 것인가를 심각하게 고민하였다.

정규 수업은 받을 수 없다면, 내가 읽을 수 있는 모든 책을 읽어야겠다고 다짐하였다.

나는 닥치는 대로 책을 읽기 시작하였다. 학교가 파하면 도서관으로 달려가서 선생님이 '그만 집에 가라.'고 할 때까지 책을 읽었다.

그것도 부족하면 친구한테 책을 빌려서 밤새워 읽었다. 책을 많이 읽어서 유식한 사람이 되고 싶었다.

또한 신문을 읽으며 한자 공부도 틈틈이 하였다. 책을 읽고 한자 공부를 하다 보면, 삶의 희망이 보이지 않을까 해서 매일 늦게까지 읽고 쓰기를 하다가 잠이 들었다.

소고삐를 잡고 걸어 다니면서도 책을 읽었다. 이때부

터 책을 읽는 것이 일상화되었다. 이때부터 한자 공부를 하여, 어려운 동양철학을 공부할 수 있는 계기가 된 거 같다.

다음 해에 부모님은 나를 어렵게 고등학교에 진학시키기로 하였다.
하지만 실업계로 진학을 하여, 기술을 배워 빨리 돈벌이를 하여야 한다는 조건이다.
나는 인문계 고등학교로 진학하고 싶었지만, 기차로 통학할 수 있는 공업고등학교에 시험을 치렀다.
높은 점수가 나와서 합격을 장담하였다. 하지만 신체검사에서 오랜 중이염을 앓아서 한쪽 귀가 들리지 않아서 불합격하였다.
나는 용천백이의 저주가 또 시작되었다고 생각하였다.

"인문계를 절대로 보낼 수 없다. 진학을 포기하고 이제 농사일을 배워라."
아버지는 우선 소를 키우라고 하신다. 짚단을 썰고 쌀겨에 버무려, 하루 세 번 쇠죽을 쑤어 먹여야 하고, 시간

날 때마다 꼴을 베어 와서 먹여야 했다.

우리 집 황소는 어찌나 많이 먹는지, 몸과 마음이 항상 고달팠다. 꿈도 희망도 없는 생활이 계속되었다.

나는 어렵게 사춘기를 보내며 인생살이의 매운맛을 배워 가고 있었다.

개싸움

 어릴 적 옆집에는 사나운 개 한 마리가 있었다. 몸집은 중간 크기에 온몸이 시커먼 검둥이였다. 눈은 이상할 정도로 튀어나왔고 눈동자가 노랬다. 모습이 하도 괴기스러워 공포감을 불러일으키기 충분했다.
 녀석은 나만 보면 사납게 짖으며 쫓아왔다. 그래서 항상 조심해서 집에 들어가야만 했다.
 그날도 하굣길에 무심코 걷고 있었는데 뒤에서 개 짖는 소리가 들렸다. 나는 옆집 검둥이임을 직감하고 뒤도 돌아보지 않고 뛰었다.

 하지만 녀석의 거친 숨소리가 너무 가까이 들렸다. 피하기에는 이미 늦었다. 결국, 놈과 결투를 벌여야 하는가를 결정해야만 했다.

 결투를 작정하고 모퉁이를 돌아서서 돌멩이를 집어 들고 자세를 낮춘 채 녀석을 향해 돌아섰다. 매서운 놈의 시선과 마주쳤다. 두 눈 사이에 번쩍하고 섬광이 일어나는 듯하였다. 날카로운 송곳니를 드러내고 이내 달려들 것처럼 으르렁거리며 나를 노려보고 있다.

 드러난 이빨 사이로 흐르는 침에서 지독한 냄새가 토를 할 정도로 후각을 자극한다. 녀석에게 물리느냐 마느냐 하는 숨 막히는 대치 상황이다. 단, 한 치도 양보할 수 없는 순간이다.

 녀석은 빈틈이 조금도 보이지 않는다. 1m 남짓의 거리를 두고 녀석을 매섭게 노려보며 기 싸움이 시작되었다. 여기서 밀리면 녀석에게 당하는 것은 뻔한 이치다.

 이때 녀석의 미간이 심하게 흔들렸다. 다리도 심하게 떨고 있었다. 녀석은 기 싸움에 밀려 겁을 잔뜩 집어먹어 있는 것이 틀림없다.

"덤벼……"

큰소리로 외치며 손을 높이 들어 내려칠 듯 한발 앞으로 다가섰다. 녀석은 심하게 놀란 듯 외마디 비명을 지르고는, 꼬리를 뒷다리 사이에 깊숙이 집어넣고서 나를 쫓아오던 속도보다 더 빠르게 도망쳐 버렸다. 의외로 승부는 싱겁게 끝나버렸다.

사람이 위기에 몰리면 가공할 만한 힘이 나온다고 하였던가. 소심하기만 하던 내가 어디서 그런 용기가 나왔는지 아직도 의문이다. 그 일이 있고부터 검둥이는 나를 보면 꽁지가 빠지도록 도망을 쳤다. 그 모습에 웃음이 절로 나온다.

나는 몸은 허약하여 툭하면 앓아누웠다. 어머니는 매번 얻어맞고 들어오는 나를 한심하다는 눈으로 바라보며,

"덩치는 태산만 해서 왜 비싼 밥을 먹고 매일 맞고 다니냐. 밥을 굶겼냐. 고기를 안 먹였냐? 이놈아 덩칫값 좀 하고 살아라."

어머니는 그런 나를 보며 속상해하셨다.

그렇다 해도 이유도 모른 채 옆집 똥개한테까지 쫓기

며 살아가는 인생이 될 줄을 누가 알았겠는가? 매사에 주눅이 들어서인지 모든 일에 도전하여 보지도 않고 자포자기하는 일이 많았다.

'나한테는 너무 힘든 과제야.', ' 내가 저 일을 할 수나 있겠어.' 하고 지레 겁을 먹고 포기하는 그것이 문제였다. 매사에 스스로 주어진 과제나 일을 해결하여 나가는 능력도 의욕도 없었다.

하지만 검둥이하고의 싸움 한판은 내 인생이 바뀌는 계기가 되었다. 그 후 자신감을 얻은 나는 몰라보게 변해가고 있었다. 소심하던 성격은 적극적인 돌파형으로 변하여 갔다.

형을 졸라서 태권도장이며 복싱체육관을 따라다녔다. 각종 격투기를 배운 후부터는 기운이 제일 센 학급 친구들도 나한테 함부로 하지 못했다.

이제 나를 얕잡아 보는 아이들은 아무도 없었다. 그렇게 자존감을 회복하니 내 인생은 큰 폭으로 변하여 갔다. 검둥이와 싸워 이기기 전에는 상상도 못 할 일이 벌어지고 있었다.

'이제부터는 어떤 상황에서도 기죽지 말고 모든 일에

적극적으로 도전하여 보자'라고 스스로 다짐하였다.

우선 포기하였던 공부를 다시 시작했다. 공부를 시작한 지 얼마 후 실력이 부쩍 늘었다. 자신감이 붙은 나는 이번에는 기타 연주를 배우기로 하였다. 이웃집 형이 기타 치는 모습을 늘 부러워만 하였다. 용기를 내어 무작정 찾아가서 기타를 가르쳐 줄 것을 청하였다.

나날이 실력이 향상되는 것이 신기하였던지 이종사촌 형은 멋진 기타를 선물하였다.

기타를 배우고부터는 성격이 차츰 외향적으로 변하면서 모든 일에 자신감이 생겼다. 내 곁에는 항상 기타가 있었고, 친구들과 어울릴 때는 멋진 기타 연주로 분위기를 잡았다.

그때부터 나는 무엇을 하든 모든 일에 적극적으로 솔선수범하였다. 학교에서 오락 시간은 내가 주인공이었다. 기타 치고 노래하고 사회도 보면서 전체를 이끌어 갔다.

부모님은 성격이 바뀌는 것을 보시며 무척 대견해 하신다. 검둥이와의 한판 싸움은 내 인생의 전환점이었다.

내 인생 전환의 계기가 되어준 그때 그 검둥이가 보고 싶다.

질풍노도의 시절

지척을 분간할 수 없을 정도로 빗줄기가 거세다. 거친 빗줄기 속으로 걸어 들어간다. 들판을 가로질러 한참을 걷다가 뒤를 돌아보니 거대한 물기둥 속에 서 있는 거 같다.

그동안 준비해온 일을 실행하기 좋은 날씨이다. 나는 흔들리는 마음을 가다듬기 위해서 어금니를 앙다물고 각오를 다시 하였다.

짧은 일생의 기억들이 주마등처럼 스쳐 간다. 뜨거운

눈물이 볼을 타고 흐르다가 이내 빗물과 섞여 흐른다. 도대체 무엇이 잘못이고, 무엇이 문제라는 말인가? 동짓달 서릿발처럼 시리고 아픈 기억들이 나를 힘들게 한다.

고등학교에 진학하지 못한 것은 내 잘못이 아니다. 담임선생님은 큰 도시에 있는 학교로 진학하기를 원하셨다. 나는 기어들어 가는 목소리로,
"자취나 하숙을 하여야 하는데 생활비를 대줄 수 없다고 하십니다……. 기차 통학이 가능한 공업고등학교로 진학하여, 기술을 배워서 일찍 돈을 벌어야 한다고 성화이십니다."
"너는 공고하고는 적성이 맞지 않아. 큰 도시에 있는 인문계 고등학교에 가서 대학교에 진학하거라."
'아 나도 그러고 싶다.'라고 속으로 외치며 진학 상담 중에 교무실을 뛰쳐나오고 말았다.

부모님 바람대로 기차로 1시간 거리에 있는 공업고등학교에 시험을 치렀다. 높은 점수가 나와서 합격을 장담하였다. 며칠 후에 신체검사와 면접시험을 치렀다.

신체검사 중 한쪽 귀가 오랜 중이염으로 들리지 않는다는 이유로 불합격했다. 전혀 예상치 못한 결과였다.

낙담하는 나를 미술 선생님이 나를 조용히 부르셨다.

"읍내에 있는 고등학교에 미술 특기생으로 추천서를 써 줄 테니 그리로 진학하는 것이 어떠냐?"

선생님이 내 의견을 물으셨다. 같은 동네에 사시는 미술 선생님이 우리 집 형편을 잘 알고 있기에 장학생으로 진학하라고 하신 것이다.

"환쟁이 하다가는 처자식도 못 먹여 살린다."

부모님은 반대하셨다.

결국은 고등학교에 진학을 못 하고 말았다. 어려서 몇 번 짊어져 본 지게를 지고 농사일을 해야 했다. 그날도 지게를 지고 뒤뚱거리는 몸을 가누며 둑길을 걷고 있었는데 저만치에서 하얀 교복을 입은 이웃집 순자가 걸어오고 있었다.

동네에서 혼자만 고등학교에 진학을 못 한 나는 친구들과 마주치는 것을 의식적으로 피했다. 그런데 예쁜 순자가 내 앞으로 걸어오다니. 나는 순자를 피하려 돌아서는 순간 발을 헛디뎌 중심을 잃고 둑 밑으로 굴러떨어지고 말았다.

하늘이 노랗고 빙글빙글 돌았다. 허벅지에서 뜨거운 액체가 만져졌다. 언덕 밑으로 구르다가 지게 위에 꽂아둔 낫에 허벅지를 찔려 피가 흐르고 있었다.

"나이가 몇 살인데 지게질도 못 하고 매번 넘어져서 다쳐서 오냐. 오늘도 또 소를 굶길 셈이냐. 당장 나가서 다시 소 꼴을 베어 오던가 아니면 나가서 뒈져 버려라. 이놈아."

어머니가 부지깽이로 후려갈긴다. 나는 매질을 피하지 않고 등짝에 가해지는 통증을 그대로 받아들였다. 죽일 놈의 눈물이 하염없이 볼을 타고 흐른다.

하지만 나는 이를 악물고 속으로 울었다. 정말 서러웠다. 서러움도 잠시 이내 자리를 박차고 일어나 된장을 한 숟가락 퍼다가 피가 흐르는 허벅지에 붙이고 이불 홑청을 찢어서 동여맸다.

그러고는 동구밖에 매어둔 누렁이를 지게 작대기로 한 대 후려 패고는 다시 들로 나갔다.

낮에 찔린 허벅지는 와락대며 통증이 몰려오기 시작한다.

서 있기조차 힘들었다. 풀을 베기 위해서 쪼그려 앉았다가 일어서기를 반복하니 입에서 신음이 저절로 흘러나왔다. 그렇지만 성이 잔뜩 나 있는 어머니 생각에 잠시도 쉴 여유가 없었다.

하늘이 심술 난 시어머니상처럼 잔뜩 찌푸려 있었다. 이내 비를 머금은 시커먼 먹구름이 몰려오는가 싶더니 후드득후드득 요란한 소리를 내며 소낙비가 쏟아졌다.

어쩔 수 없이 근처의 상엿집으로 몸을 피하고 비가 그치기를 기다렸다. 상엿집은 흉가처럼 을씨년스러웠다.

비바람에 문짝이 흔들려 괴상한 소리를 내고 있었다. 금세 귀신이 나올 것처럼 무서웠지만 매섭게 몰아치는 소낙비를 피하려 짚을 깔고 쭈그려 앉았다. 다리의 통증으로 입에서 앓는 소리가 절로 나왔다.

비를 맞아서인지 오한으로 온몸을 떨다가 잠이 들었다.

얼마나 지났을까. 꿈속에서 나를 부르는 소리가 들렸다. 잠에서 깨어 보니 옆집 성철이 형이었다.

"여기 있네요. 어라 움직이는 것을 보니 살아 있는가 보네요. 야 이놈아 여기서 뭐 하는 거야? 무섭지도 않은가? 이 늦은 시간에 상여 간에서 뭐 하는 거야?"

해가 지도록 돌아오지 않자 동네 사람들이 나를 찾아 나섰다가 상엿집 앞에 지게가 세워져 있는 것을 보고 성철이 형이 나를 찾은 것이다.

형의 손에 이끌려 밖으로 나가니 아버지는 나를 보자 버럭 화를 내시며 작대기를 들고 나를 향하여 쫓아오는 것이다. 순간 아버지 눈을 보았다. 그 자리에 그대로 서 있다가는 작대기로 맞아 죽을 것이 뻔하였다.

나는 그길로 도망을 쳐 친구 집을 전전하다가 하루는 석규를 불러내었다. 석규는 고구마를 한 바가지 가지고 왔다.

"밥은 먹은 거니? 자 물도 마시면서 천천히 먹어라."

"석규야 인생이 뭐라고 생각하냐?"

"미친놈 비가 오니 정신이 나가 버렸나. 와 인생 타령이냐."

"제기랄 사는 것이 뭐 같아서 하는 소리여, 허리가 부러지도록 일만 해도 매일 상갓집 개새끼 패듯 작대기를 휘둘러 대니 못 살겠다. 이참에 확 집을 나가 버릴까 보다."

"너 달포 전에도 잡혀들어왔잖아. 그것도 5일 만에. 아서라."

빗줄기는 점점 더욱더 거세어져 있다. 비가 좀처럼 그치지 않을 것을 확신한 나는 오늘이 그날임을 작심하고 실천에 옮기기로 하였다. 자리를 일어섰다.

"나는 그만 갈 시간이다."

석규는 걱정스러운 듯 내 팔을 잡았다.

"비 오는데 어디로 간단 말이야. 비나 그치면 가지 그러냐. 딱한 놈."

더 있다가는 눈물을 보일 것 같다. 석규하고 마지막 작별 인사를 하고는 비가 쏟아지는 들판으로 걸음을 재촉하였다.

준비는 두 달 전부터 하였다. 약국마다 들려서 부모님 심부름이라고 속이고 몇 알씩 사 모은 것이다. 주머니에서 기름종이를 펼쳐 약을 꺼낸다.

알록달록한 알약에는 당의정이 쌓여있었다. 입안으로

두서너 알씩 입에 넣고서 빗물을 받아 함께 목젖 뒤로 넘겼다. 그 짓은 한동안 계속되었다.

꿈속에서 분명 짐승의 울부짖음을 들은 거 같다. 그 소리는 병원 복도에서 들려오는 낯익은 아버지의 울음소리였다. 내가 있는 곳은 저승이 아닌 이승이 분명하였다.

나의 질풍노도 같았던 사춘기는 그렇게 흘러가고 있었다.

독사가 된 율매기

고등학교 진학에 실패한 나는 심한 우울증으로 시달렸다. 인문계 고등학교는 절대로 보낼 수 없다는 부모님의 완고한 뜻에 단식으로 맞섰다. 미치도록 공부를 하고 싶었다. 하지만 나의 뜻을 이루기에는 부모님의 벽이 너무 높았다. 어쩔 수 없이 가방 대신 지게를 지고 다니며 너무 어린 나이에 세상을 원망하는 법부터 배우며 살아야 했다.

그때 서울에서 가발공장에 다니던 누나가 내려왔다.

"진덕아! 서울로 올라가자. 너는 내가 책임지고 고등학교에 보내 줄 테니 걱정하지 말고 올라가자. 서울 놈들 제아무리 약아빠졌어도 네가 중학교 때만큼만 하면 중간은 갈 거다. 같이 올라가자."

누나는 격앙된 소리로 단호하게 이야기했다.

"숙자한테 모두 들었다. 네가 이 집에서 어떻게 살고 있는지를, 여기서 맞아 죽으나 나가서 굶어 죽으나 매한가지다. 나를 믿고 같이 올라가자."

그날 밤 나의 베갯잇은 새벽까지 젖어 있었다.

그렇게 해서 이듬해 서울에서 고등학교에 다니게 되었다. 그러나 걱정한 대로 시골에서 혼자 올라온 촌놈을 서울 아이들이 가만두지 않았다.

몇 명씩 떼를 지어 수시로 나를 괴롭혔다. 이러다가는 3년 내내 아이들한테 얻어맞으며 학교에 다녀야 할 판이었다. 이런 경우를 보고 '여우를 피하고 나니 호랑이굴을 만난다.'라고 하던가.

고향에서 아버지와 형의 매질을 피하였다고 좋아하였는데. 허허 헛웃음이 절로 나왔다. 생각 끝에 이제부터

바짝 약이 오른 독사처럼 살기로 작정하였다.

어느 날 하굣길에 서울놈 세 명이 나를 불러 세웠다.

"야 촌놈! 우리 배고픈데 빵 좀 사줘라."

하며 시비를 걸어왔다. "

내가 왜 어째서 너희들 허기를 달래주냐? 이제 나를 건드리면 나도 가만있지 않겠다. 비켜라."

목소리를 낮추며 싸울 태세를 취했다. 그러자 녀석들이 잠깐 움찔했다.

"촌놈이 죽으려고 환장을 했나?"

달려드는 그놈을 살짝 피하고 정강이를 걷어찬 다음, 오른손을 뻗어 녀석의 관자놀이에 주먹을 정확하게 꽂아 넣었다. 또 한 녀석의 주먹이 내 가슴팍을 향하여 날아왔다.

나는 살짝 몸을 틀어 피한 다음 팔꿈치로 놈의 턱을 강타하였다. 눈 깜짝할 사이에 두 녀석이 내 발밑에 나뒹굴었다.

대자로 뻗은 두 녀석을 발로 지그시 밟고 서서 남은 한 녀석에게 덤비라고 손짓을 하자. 부리나케 도망을 쳤다.

두 녀석을 일으켜 세워놓고 좋은 말로 타일렀다.

"야 이놈들아, 촌놈한테 맞은 기분이 어떠냐? 지게 지고 작대기 휘두르며 옆 마을 놈들하고 싸움깨나 한 실력이다. 논두렁 깡패 주먹맛이 어떠냐? 이제부터 나한테 덤비지 말고, 나하고 같이 놀아 주면 너희들은 다시는 나한테 맞을 일은 없을 거다."

이렇게 한 놈씩 내 편을 만들어나갔다.

당시 학생들의 싸움은 남자들의 본능적인 서열 가리기 싸움, 그 이상도 이하도 아니었다. 그러면서 우리는 우정과 의리를 배웠고, 더 큰 세상으로의 나아갈 준비를 하며 나름대로 인생을 배웠다. 사실 나는 싸움이 제일 싫었다.

하지만 나는 살아남기 위해서 싸움을 하여야 했다. 서울 녀석들은 너무 거칠었다. 그 녀석들이 율메기(유혈목이)를 독사로 만든 것이다.

몰려드는 쌈꾼을 상대하다 보니 나도 모르게 거칠어가며 심각한 '불량 학생'이 되어가고 있었다. 그런 내 모습을 보고 실망한 누나는 나 혼자 내버려 두고는 시골로 내려갔다. 그러다가 내가 고등학교를 마치기도 전에 시집을 가버렸다.

어릴 적 순하고 착하기만 한 동생이 점점 거칠어지는 것을 보고는 적잖이 실망한 모양이었다. 유일한 내 편이었던 누나는 그렇게 내 곁을 떠나갔다.

나는 발가벗겨져 세상에 홀로 내던져진 듯한 충격으로 많이 힘들어하였다. 누나가 떠난 그해 겨울은 유난히 추웠다.

살을 에는 듯한 추위는 견딜 만하였으나 상실감으로 인한 공허함은 그 무엇으로도 대신할 수 없었다. 심한 열병으로 여러 날을 드러누웠었다.

그런 일이 있고서 허전함 때문에 친구들에게 더욱 빠져들었다. 우리는 우리만의 세상이 있었다. 휴일이면 들로 산으로 몰려다녔다.

청바지에 기타 하나 둘러메고 세상에 무서운 것 없다는 듯 누비고 다녔다. 세상은 고삐 풀린 망아지처럼 제멋대로 일탈을 일삼는 우리를 이해하려 하지 않았다.

이번에는 이웃 학교의 싸움 대장이 시비를 걸어왔다. 우리 학교 친구가 상대 학교 녀석에게 맞고 와서, 친구를 대신하여 내가 복수한 것이 화근이 된 것이다. 상대가 싸움을 걸어온 이상 비겁자가 되기 싫었다.

학교의 명예를 걸고 1:1로 싸웠다. 싸움은 의외로 싱겁게 끝났지만, 상대방 학교 한 녀석이 분을 참지 못하고 계속 싸움을 거는 바람에 큰 패싸움으로 번지고 말았다. 그때 일이 발각되어 우리는 교무실에 몇 번을 끌려갔다.

함께 했던 친구 모두에게 중한 처벌이 기다리고 있었다. 나는 겁을 먹은 친구들에게 '내가 모든 책임을 지겠다. 너희들은 입 다물고 있어라.' 하고 자퇴서를 제출하고 학교에 가지 않았다.

아무도 모르게 자취방을 옮기고 막노동을 하며 살았다.

그러던 어느 날 담임선생님이 반장을 앞세워 옮긴 자취방을 찾아오셨다. 방과 후 친구들하고 몇 날 며칠을 헤매 나를 찾아낸 것이었다. 애써 나를 외면하시며 말했다.

"너는 항상 당당하고 강한 녀석이라고 생각하였는데, 그만한 일로 너의 꿈을 포기하다니 너답지 않다. 퇴학은 취소되었다. 학교로 돌아오너라."

선생님은 나를 구제하기 위해서 모든 직을 걸고 교장선생님과 담판을 지었다고 하셨다. 나를 책임지고 사람을 만들어 대학에 보낸다는 조건을 달았다고 하셨다. 세상에서 나를 위하여 애써주신 선생님 앞에서 머리가 절로 숙어졌다.

그렇다면 선생님 앞에서 순한 양이 되었다. 그렇게 하는 것이 제자로서 화답이 아니겠는가?

제멋대로 살았던 지난날을 참회하고, 그동안 못다 한 공부를 하기로 하였다. 뜻을 같이한 친구들이 동참하여 이제는 모범생이 되어 보자고 맹세도 하였다. 그 일을 계기로 문제 학생이던 우리는 몰라보게 변하여 무사히 학교를 졸업하고 진학도 하였다.

졸업식 날 우리는 선생님을 목말 태우고 감사의 노래를 부르며 운동장을 몇 바퀴나 돌았다.

너무나 힘들어 주저앉아 목놓아 울고 싶을 때도 많았다. 모두 포기하고 싶을 때 언제나 친구들이 함께 있었다.

친구들이 있어 험한 세상을 견딜 수 있었다.

녀석들이 보고 싶다.

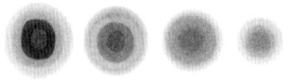

3부

가족 간의 갈등이 시작되다

우주는 소립자도 가득하다고 한다. 소립자는 진동하는 끈으로 서로 연결되어 있다. 같은 주파수로 진동하는 소립자는 초 끈으로 연결되어 서로를 끌어당긴다.

같은 아픔을 겪은 사람은 진동하는 주파수가 같다. 따라서 서로 끌어당겨 우리는 같이 살았다. 비슷한 아픔을 앉고 살며, 서로 내가 더 아프다고 아귀다툼하며 살아왔다.

어머니도 형도 나의 배우자와 나는 모두 비슷한 아픔을 겪으면서 서로를 끌어당겼다. 서로 아픈 상처를 내보이며, 아귀처럼 울부짖으며, 서로에게 상처를 안기며 살아왔다.

하늘은 오늘도 우리를 비웃고 있다.

자연을 닮은 생이 아름답다

예전의 시골집 부엌에는 낮은 부뚜막이 있었다. 처음에는 황토를 물로 개어 쌓아 올린 낮은 부뚜막이었다. 이후 아버지께서 시멘트로 높이를 키우고 말끔하게 다시 만드셨다.

좌측에는 큰 가마솥이 있었고 우측에는 작은 솥이 걸려 있었다.

가운데는 구공탄을 사용할 수 있는 화덕도 만들었다. 요즈음 주방의 변화는 예전보다 가히 혁명적이다. 위생적이고 편리하고 똑똑하기까지 하다.

 온 가족 하루의 시작은 부엌에서부터 시작된다. 작은 부엌에서 대가족의 먹거리를 모두 만들었다. 요즈음처럼 간편식이나 배달 음식은 없었다.

 직접 농사지은 농산물로 온 가족을 배불리 먹이는 일이 언제나 우선이었다. 소득은 높아지고 물질은 풍성하지만, 예전만큼 행복한 것은 아니다.

 아버지는 매일 새벽에 일어나셔서 가마솥에 물을 데워 놓으셨다. 우리는 추운 겨울에도 뜨거운 물로 세수를 하고 어머니는 설거지며 주방 일을 하실 때 사용하였다.

 초저녁에 밥을 지으면서 따듯하게 덮여놓은 방은 새벽녘에는 아랫목을 제외한 윗목은 한기를 느낄 만큼 추웠다.

 아버지는 아이들이 춥지 않도록 매일같이 새벽잠을 설치시고 불을 지피셨다.

 우리 세대의 부모들도 자녀들을 힘들게 부양하지만, 부모의 권위는 예전 같지 않다.

자식을 위하는 마음이야 다를 바 없겠지만 예전의 부모처럼 멀리서 지켜보지 못하고 현재의 성적과 성공을 위하여 간섭하고 끊임없이 잔소리하는 것이 원인인 거 같다.

나 자신도 믿고 지켜보지 못한 점을 후회도 한다.

어머니는 키질하여 쌀 속의 잡티를 날려 보낸다. 다시 조리를 이용하여 뉘를 골라내고 가마솥에 쌀을 안치고 물을 붓고는 나한테 불을 지펴 밥을 지으라고 하셨다.

뚝배기에 된장을 풀고 풋고추, 애호박, 표고버섯과 큰 멸치 몇 마리를 넣고 끓이면 찌개에서 고향 냄새가 난다. 채소는 모두 텃밭에서 재배한 것을 방금 준비하여 놓았다.

낮에 들과 산에서 캐 온 비름나물이며 냉이 등을 각종 양념에 버무려 나물 반찬을 만든다. 호박은 얇게 썰고 감자는 갈아서 들기름을 붓고서 빈 솥에서 동그랗게 지져 내어 전을 만드신다. 배추김치며 동치미는 빠질 수 없는 필수 반찬이다.

사서 먹는 거는 생선과 고기 종류다.

부모님이 가족을 위하여 힘들게 음식을 만들고 메주를

쑤어서 저장식품을 만드는 것을 보면서 존경심이 드는 건 당연하다. 나물을 무쳐서 입안 가득 넣어주며 맛을 보라고 하실 때는 따뜻한 정도 느껴졌다.

요즈음은 집에서 만들어 먹는 음식 대신 즉석식품이나 배달 음식으로 대신한다. 정성이 들어간 음식을 먹고 자란 아이들은 정서가 남다를 것은 뻔한 이치다.

학교에 다녀오면 어머니는 나를 불러서 아궁이에 불을 지피고 밥을 짓도록 하였다.

땔감을 아궁이에 넣고 불을 피우고 솥의 밥, 물이 끓어 넘기를 두세 번 하면 불을 잦아들게 하여 밥이 뜸이 들기를 기다렸다.

솥 밖으로 내뿜던 수증기가 뜸 하여 질 때 다시 한번 마지막 불을 지피고 마무리를 하면 가마솥에 하얀 쌀밥에 맛있게 익어있었다.

밥이 다 익어 갈 때쯤 알 불을 꺼내어 그 위에 뚝배기를 올려놓고 토장국을 끓이면 구수한 냄새가 진동한다.

아버지는 농번기에도 좀처럼 쉬는 일이 없었다. 볏짚

을 엮어서 멍석을 만들거나 가마니를 짜서 다음 농사철에 사용하기도 하였다.

광주리도 만들고 닭이 알을 품을 수 있도록 둥지를 짜기도 하고 각종 생활용품을 볏짚으로 직접 만들어서 사용하였다.

겨울철에는 눈썰매를 만들어 주시기도 하고 방패연이며 팽이 등 우리들의 장난감을 직접 만들어 주셨다.

아버지는 맥가이버도 울고 갈 솜씨를 가지셨다. 장난감을 손수 만들어 주시며 우리와 함께 놀아 주셨다. 사춘기 때에는 멀리서 지켜 보아주다가 쓰러지면 슬며시 손을 내밀어 주셨다.

나는 그런 아버지가 좋았다.

밥상머리 교육이 있었다. 식사하면서도 어른을 공경하고 형제간에 우애하며 살도록 무언의 교육을 하였다. 아버지가 외출하여 귀가 시간이 늦어지면 배고픔을 참으며 아버지가 오시기를 기다려야 했다.

어머니는 밥을 담아 놓은 주발을 아랫목 이불 속에 넣어 식지 않도록 하고, 부엌에서는 끓여 놓은 토장찌개가

식을까 봐 수시로 덮여놓는다.

아버지가 오셔서 숟가락을 드셔야 비로소 우리도 숟가락을 들어 식사할 수 있었다.

나는 자연스럽게 부모님의 일을 도와드리며 유대관계를 돈독히 하였다. 요즈음 아이들은 부모님과 얼굴 마주할 시간도 없고 부모님 일에는 관심도 없다.

오히려 마주 대하고 싶어 하지 않는다. 용돈이나 필요한 것이 있을 때만 부모를 찾는다. 철저하게 개인주의로 빠져든다.

요즈음 자녀들은 부모한테 기생해서 살다 보니 자립심이 없다. 의욕도 없고 혼자 살아가려는 노력도 하지 않는다.

공무원 시험 경쟁력이 항상 최고다. 그저 편한 직업을 원한다. 모험적이고 창조적인 일은 좀처럼 하지 않으려고 한다.

'이불 밖은 위험해.'라는 신조어가 생겨났다. 취직도 하지 않고 결혼도 포기하고 부모님 곁에서 안주하려는 캥거루족을 두고 하는 말이다.

그때는 나름대로 엄격한 식사예절도 있었다. 먹으면서

소리를 크게 내거나 맛있는 음식을 독차지하려 하면 아버지는 불호령을 내리셨다.

가끔 특별식으로 김이나 생선 등이 올라오면 내 몫을 따로 덜어 주고서 나머지를 형과 누나가 먹도록 하였다.

형과 누나는 어린 나에게 생선의 뼈와 가시를 발라 먹이고 반찬을 골고루 먹이며 알뜰히 보살펴 주었다.

인생과 축생(畜生)

어릴 적 우리 집 재산목록 1호는 누렁이었다. 누렁이는 우리 가족이나 마찬가지였다. 사실 어찌 보면 소와 사람은 가축과 인간으로 구별 짓는 자체가 잘못이다.

사람의 일생과 소의 일생은 서로 다른 생(生)이 아니고(不二), 다르지도(不異) 않다.

누렁이가 처음 우리 집에 왔을 때는 코뚜레를 하지 않은 어린 송아지이었다. 귀엽기만 하던 송아지가 점점 성장하면서 말썽을 부리기 시작했다.

텃밭을 뛰어다녀서 이웃집 고춧대며 가지 대를 부러뜨리기 일쑤였다. 논으로 밭으로 일하러 가는 어미 소를 졸졸 따라다니며 귀찮게 하는가 하면, 농작물을 뜯어 먹고 잘 틔운 새싹을 망가트려서 주인을 난감하게 만든다.

갓난아기가 엄마 품에서 젖을 먹는 모습은 마냥 귀엽기만 하다. 그런 아기가 자라면서 점점 말썽을 부리기 시작한다. 미운 일곱 살이라는 말이 그래서 생겨났다.
아니 요즘은 미운 다섯 살이라고 한다. 아이가 점점 고집이 세어지고 떼를 쓰기 시작하면 부모는 난감해진다.
그때쯤이면 아이는 부모가 잠깐이라도 한눈을 팔면 예기치 못한 사고를 낸다.
송아지가 말을 듣지 않고 천방지축 날뛰면, 주인은 송아지를 통제하기 위하여 코뚜레를 채운다. 노간주나무를 불에 그슬려 동그랗게 코뚜레를 만든다.
코뚜레를 참기름으로 칠한 다음 송곳으로 코의 약한 부분을 뚫고 코뚜레를 채워준다. 코뚜레를 채워서 그 끝을 줄로 연결하여 고삐를 만든다.
이때부터 송아지를 일소로 만들기 위해서 교육을 시작

한다. 무거운 맷돌을 줄에 연결하여서 끌고 가는 훈련부터 시킨다.

사람도 비슷하다. 아이가 말귀를 알아듣는 나이가 되면 부모는 아이에게 화장실 가는 훈련부터 시킨다.

이어서 아이에게 사회생활 기초 교육을 한다. 유치원에서는 아이들이 친구들과 어울려 놀 수 있도록 사회성을 길러준다. 그다음 초등학교에서는 어린이가 사회 구성원으로 무리 없이 살아갈 수 있도록 기본 교육을 한다.

부모의 처지에서는 고집이 세지고 통제하기 힘든 자녀를 교육기관에 위탁하여 아이가 인간으로서 사람 구실을 할 수 있게 만들어나가는 것이다.

사람에게도 적절한 통제와 관리를 위하여 코뚜레를 채워주는 격이다.

소에게 멍에를 걸어주면 누렁이는 사람에게 구속되었음을 뼈저리게 느낀다. 멍에를 걸고 쟁기질을 하고 수레를 끌기 시작하면 소는 철저히 노예 신세가 된다.

이때부터 주인은 송아지와 대화하는 법도 가르친다. 걸어가는 방향으로 고삐를 흔들며 '쩌쩌 쩌 어 ~~~' 하고 외치면 좌우로 진행 방향을 유도할 수 있다. 힘을 낼 필요가 있을 때는 목소리를 높여 '이~랴~~ ~' 하면 순간 힘을 쓰는 데 도움이 된다.

목소리를 낮추고 '이랴~ 이랴~~' 하면 가던 길을 멈추었다 다시 걸어간다. 길을 멈추기 위해서 '와~ 와~~' 하면 발걸음을 멈춘다. 목에는 방울을 달아준다.

주인은 방에서 방울 소리를 들으며 소의 일거수일투족을 파악한다. 외양간에서 잠을 자고 있는지 여물을 먹는지 모기나 파리를 쫓는지를 소리를 듣고 알 수가 있다.

사람도 결혼하면 멍에를 멘 것이나 다름없다. 결혼은 스스로 코뚜레를 꿰어 고삐를 연결하여 배우자에게 고삐를 쥐여 주며 관리를 자청하는 것과 같다.

함부로 날뛰던 송아지 같았던 총각 시절의 자유는 이때부터 철저히 통제되고 관리된다. 남자는 가족 부양을 위해 일만 하는 누렁이처럼 살아야 한다.

배우자의 비위를 맞추기 위해 적당히 비굴하도록 길든다. 배우자의 생일이며 기념일을 잊어서는 안 된다. 귀가 시간도 배우자가 정한다.

어디에서 누구와 무슨 일을 하고 있는지 보고하지 않으면 사달이 날 수도 있다. 송아지 목에 방울을 단 꼴이다. 경제권도 배우자에게 빼앗기고 몇 푼 받은 용돈 범위 내에서 소비하여야 한다.

하나둘 자식까지 생기면 남자는 집안의 노예 같은 신세가 된다.

아버지는 노련한 소몰이꾼이었다. 농사철이 시작되면 멍에를 메고 쟁기질을 하고 물을 가둔 논에 써레질하며 모내기 준비를 한다.

수시로 우마차를 끌며 논밭에 퇴비를 운반하고 무거운 농기구를 운반하기도 한다. 누렁이는 농사일이 힘들 때면 가끔 꾀병을 부리고 투정을 한다. 그럴 때면 아버지는 누렁이의 등을 긁어주며 달래고는 하셨다.

"집안일, 농사짓느라 힘이 드는가 보다. 힘든 일만 시켜서 미안하다. 오늘은 하루 푹 쉬고 내일부터 다시 하자."

그러고는 누렁이에게 특별식을 주셨다. 힘든 일을 하다가 무더위에 지쳐 소가 쓰러지면 막걸리와 낙지 두서너 마리를 먹이면 언제 그랬냐는 듯 다음날에는 기운을 차렸다.

고삐를 쥔 배우자는 노련한 소몰이꾼처럼 고삐를 잘 이용할 줄 알아야 한다. 적당한 시기에 남편에게 용돈을 올려 주어야 한다. 때로는 특별 안주를 만들어 술상을 차려 내어 남편의 지친 몸과 마음을 달래주어야 한다.

가끔은 상여금도 쥐여 주고 친구들과의 여행을 허락하기도 한다. 일상에 지친 배우자를 위하여 취미 생활을 하도록 배려하여야 한다.

노련한 소몰이꾼이 숨소리를 듣고 소의 상태를 파악하듯 서로 상대의 기분과 안색을 살펴 보살피지 않으면 가정생활은 삐걱 대기 시작한다.

송아지를 애틋이 돌보던 누렁이는 송아지를 독립시킬 때를 안다. 송아지가 어느 정도 성장하여 여물을 먹을 때가 되면 이제는 젖을 물리지 않는다. 독립을 준비시키는 것이다.

옆에 와서 귀찮게 하는 송아지를 들이받아서 정을 떼려는 듯 사납게 대한다. 이때부터 송아지는 철저히 혼자가 된다.

혼자 여물을 먹어야 하고 혼자 잠을 자고 모든 것을 혼자서 한다. 그때부터 송아지는 진정한 한 마리의 소로 독립하는 것이다.

사람도 마찬가지다. 부모의 보호 아래 안락함을 맛본 자식들은 취업도 결혼도 하지 않고 평생을 부모 밑에서 빌붙어 살아가려는 경향이 있다.

부모 밑에서 안주하는 캥거루족을 만들지 않기 위해서는 부모는 누렁이처럼 자식을 냉정하게 대해서 독립시켜야 한다.

인생이나 축생이나 별반 다를 것이 없다. 무릇 숨을 타고나면 모두 어릴 적에는 귀여움을 받는다. 하지만 어른이 되면 독립해서 제 몫을 해야만 비로소 사회인이 되는 것이다.

자연의 이치는 모든 생명에 공평한 것이다.

가족회의

가족회의 소집이 있어 아내와 형의 집으로 갔다. 벌써 누나하고 자형과 동생 내외가 와있었다. 분위기가 심상치 않았다. 눈치를 보면서 차를 한잔 마시고 있는데, 어머니가 앓아누우셨다는 전갈이 왔다.

형의 소식을 듣고 자리를 펴고 드러누웠다고 하였다. 하지만 분위기로 봐서 어머니 병환 문제로 모인 거 같지는 않았다.

어렵게 자형이 말을 꺼냈다. 어제 형이 운전 중에 사고를 내고 차를 그 자리에 두고 도망을 왔다는 것이다. 졸음운전으로 앞의 차를 추돌하여 내리 5대를 연쇄 추돌을 하였다는 것이다.

그러나 더 큰 문제는 음주 운전이었다. 차를 두고 왔지만, 도망을 쳤다는 점도 마음에 걸렸다. 그러나 그보다도 큰일이 집행 유예기간이고, 무면허 운전이라는 것이다.

1년 전의 사고로 면허가 취소되었는데 또다시 음주 운전을 한 것이다. 참으로 산 넘어 산이요. 엎친 데 덮친 격이다. 자형의 말로는 합의를 보더라도 최소한 3년은 살아야 한다는 것이다.

문제는 어머니였다. 몇 달 전 심하게 앓다가 죽다 살아나신 지 얼마 되지 않았다. 누나는 그런 기력으로 이 엄청난 큰일을 감당하기 힘들 것 같다고 걱정을 한다.

형에 대한 사랑이 각별한 어머니는 형이 감옥에 들어가면 아마도 식음을 전폐하고 며칠 못 가에서 돌아가실 거 같다는 것이다.

형이 감옥에 가는 것은 어머니 장례식을 치르는 것하고 다를 바 없다고들 한다. 그만큼 어머니는 속만 썩이는 형을 어릴 적부터 특별히 사랑하셨다.

어머니의 형에 대한 사랑은 남달랐다. 형은 항상 특별 대우를 받았다. 무엇이든 형이 원하면 들어주지 않는 것이 없었다.

형의 밥상에는 좀처럼 먹기 힘든 김과 조기 등 내가 그토록 먹고 싶던 반찬이 즐비하였다. 다른 형제들은 1년에 한두 번 먹어볼까 싶은 진귀한 음식이었다.

우리는 당연히 그런 음식은 형만 먹을 권리가 있다고 알고 있었다. 우리는 그저 눈치만 보며 침을 삼켜야 했다.

그러다 보니 형은 본인만 아는 무서운 이기적인 인간으로 변하여 갔다. 형제와 화합할 줄도 모르고, 모든 것을 본인 마음대로 하며 안하무인으로 살았다.

밖에서도 비위에 어긋나면 주먹이 먼저 앞섰다. 무서운 성격으로 수없이 사고를 치고 다녔다. 형의 사고를 수습하기 위해서 부모님의 허리는 휠 정도였다. 심지어 부모님은 논과 밭을 팔고 집까지 모두 팔아 형의 뒷바라지를 하셨다.

형을 뒷바라지하다가 집안이 쫄딱 망한 것이다. 아버지는 그러는 형을 보고는 화병으로 일찍 돌아가셨다. 그렇지만 형은 점점 더 망나니로 변하여 갔다. 어머니의 권

세를 업은 형의 횡포는 조금도 수그러들 줄을 몰랐다.

그럴 때마다 어머니는 동생들이 반항할까 염려가 되었는지 우리에게 엄포를 놓았다.

"형은 부모 다음이다. 형한테 대드는 건 나한테 대드는 것이다."

그래서 우리는 반항을 할 엄두도 못 냈다.

형의 합의금은 형제들이 십시일반으로 충당하기로 하였다. 그러나 유명 변호사를 선임하여도 엄중한 처벌은 면하기 어렵다는 것을 모두 알고 있었다. 아무리 이리저리 궁리를 해봐도 해결할 방법을 찾을 수가 없었다.

어머니가 아픈 몸을 하고서 회의에 참석하였다.

"아비야 너 형 좀 살려내라, 이놈아! 네 형이 감옥에 가면 나는 죽어버릴 거다."

어머니가 나에게 형 대신 감옥에 가라고 하신다. 한눈에도 금세 사그라질 듯이 어머니는 몸을 가누지도 못하였다.

"어머니 이번 일은 도저히 빼낼 방법이 없을 거 같아요. 저도 이제는 할 수가 없네요."

절대 그럴 수 없다고 말하고 싶었지만, 어머니 표정을 보고는 입을 다물 수밖에 없었다.

또 한참을 궁리한 끝에 드디어 묘책을 찾아냈다. 형은 도저히 구제받기는 어려웠다. 다행히 차를 두고 도망을 쳤고, 사고 시간대가 야간이므로 운전자가 누군지 모를 거란 사실에 착안하여 운전자를 바꾸기로 하였다.

위험하고 범죄행위라는 것을 잘 알지만, 어머니를 살리는 방법은 그 방법밖에 없었다. 형을 구하는 그것보다 어머니를 살려야 한다는 명분으로 사고자를 '나'로 둔갑하였다.

"어머니 사고는 제가 낸 것으로 하겠습니다. 이제 어머니는 걱정하지 마시고 계세요. 제가 들어가서 형의 벌을 대신 받고 오겠습니다."

어머니는 반색을 하신다.

옆에 있던 아내가 갑자기 울기 시작한다.

"안 돼요! 이 사람도 같은 아들인데 왜 이 사람이 고생하여야 하나요. 잘못도 없는 사람이 왜 잡혀간대요. 형보다 늦게 태어난 것이 죄 인가요. 나는 저 사람을 보낼 수 없어요."

아내가 대성통곡을 하였다. 그러자 어머니의 안색은 다시 흙빛으로 변하였다. 나는 얼른 아내의 손을 이끌고 밖으로 나갔다.

"나는 전과도 없고 면허도 있으니 얼마 살지 않고 나올 수 있어, 조금만 참고 기다려 줄 수 있지? 이 길만이 우리 집이 살 수 있는 길이야."

아내를 설득하였다. 아내는 만삭의 배를 들어 보이며,

"다음 달이 해산달인데 아빠 없이 아이를 낳으란 말이냐?"

어쩔 줄을 몰라라 하는 아내에게 참으로 미안했다.

"미안하다. 하지만 어머니를 돌아가시게 할 수는 없는 일 아니냐. 좀만 참고 있으면 금세 나올 수 있을 거야."

아내를 달래며 온갖 생각으로 마음이 복잡했다.

나는 피해자와 합의만 하면 나올 수가 있을 거 같았다.

굳게 마음을 먹고 울며 매달리는 만삭의 집사람을 뿌리쳐야 했다.

다행히 현장에 차를 두고 왔고, 놀라서 병원에 갔다고 둘러대면 될 거 같았다. 요행히 일이 잘 풀려서, 차를 두고 갔기에 뺑소니는 인정이 안 되었고, 형사는 일주일 시간을 줄 테니 합의를 보고 오라는 하였다.

천만다행으로 합의를 보고 징역형은 면하고 가벼운 벌금형으로 끝났다. 지금 생각해도 아내한테는 못 할 짓을 저지른 거 같아 미안하기 그지없다.

여러분 행복하신가요?

 기상 시간을 알리는 자명종 소리가 온방에 울려 퍼진다. 지난밤에 만취 상태로 들어와 잠이 들었다. 술이 덜 깬 상태로 간신히 일어나 앉는다. 어제 마신 술이 평소의 주량을 훨씬 넘어서인지 숙취가 위장 속을 사납게 훑어 내린다.

 오늘따라 위장 속을 달래줄 해장국 생각이 간절하다. 그러나 아침마다 해장국 타령을 해도 한 번도 얻어먹은 적이 없다. 아침밥을 굶고 쓰린 속을 달래며 출근한 지

꽤 오래되었다. 어머니 앞에서 집사람과 싸우는 모습을 보이기 싫어 참고 살았다.

쓰린 속을 달래며, 양치질한다. 이내 '욱' 하고 토악질이 나온다. 똥물까지 올라오는 기분이다. 위 속의 찌꺼기를 모두 다 토하고, 계속해서 양치질하는데 칫솔 손잡이가 '툭' 부러진다.

며칠 전부터 '칫솔모가 문드러졌으니, 칫솔 하나 사다 놓아라.'라고 마누라한테 여러 번 말을 하였다. 하지만 도대체 사다 놓지를 않는다.

다른 식구들 칫솔은 항상 새것인데, 내 칫솔은 이미 기능을 상실한 지 오래다. 이놈의 마누라를 정말 혼을 내주고 싶었지만, 아이들과 어머니 눈치 보느라 조용히 불러서 이야기한다.

"칫솔 사다가 놓으라고 한지가 언제인데, 왜 사다 놓지 않는 거야?"

몇 번을 물어도 대답이 없다. 나는 화가 머리끝까지 났다.

"말이 말 같지가 않은가? 당장 사다 놓으란 말이야."

눈을 부라리며 협박을 하니 그제야 아무 말 없이 밖으로 나간다.

나는 치밀어 오르는 화를 참으며, 쓰린 배를 움켜잡고 식탁에 앉았다. 김칫국물이라도 마셔야 속이 풀릴 거 같다.

집사람은 음료 통에 무엇인가를 넣고 흔들다가 컵에 노란 액체를 따른다. '뭐지, 나를 줄 건가.' 하고 생각하는데, 그건 아이들에게 먹인다. 그게 뭐냐고 물으니 아이들 성장발육에 좋은 건강식품이라고 한다. 다음에 또 무엇인가를 컵에 따른다.

'그건 뭐야?' 하고 물으니 어머니가 마실 호박 차란다. 다음에 또 무엇인가를 탄다. 컵에 따르더니 본인이 훌쩍 마신다. '맛나겠네! 그건 뭔데?' 하니 여성들이 마시는 갱년기 예방 식품이라고 한다.

나는 은근히 기대하며

"내 거는 뭐야?"

잠시 침묵이 흐르고 대답이 없다.

"아니 내 거만 없다는 거야?"

염병할 놈의 여편네 같으니라고, 어떻게 남편 것만 빼

놓고 이럴 수가 있단 말인가. 화가 치밀어 오른다.

"제기랄, 아침마다 나만 빼고 너희끼리 마시니 입에 잘도 넘어가냐?"

투덜거린다. 순간 어머니는 얼굴이 심하게 굳어지는가 싶더니, 얼른 방으로 들어가신다.

출근하려고 와이셔츠를 찾아도 보이지 않는다.

"이봐 와이셔츠는 어디 있어?"

"바빠서 아직 못 빨았어."

마누라는 뻔뻔하게 한다. 정말 화가 난다. 그러나 이번에도 애써 참았다.

"이봐! 벌써 며칠째야? 셔츠, 오늘 입으면 4일째야. 하얀색이 누렇게 변했잖아."

참았던 화가 폭발하였다.

"먹을 것을 챙겨주기를 하나, 입는 거를 준비해 주나, 도대체 왜 이러는 거야?"

어머니가 들을까 봐 목소리를 낮추었다.

"빨래할 시간이 없으면 세탁소에 맡기라고 몇 번을 이야기해야 알아듣겠나?"

남편을 철저히 무시하는 마누라하고, 언제까지 참고

살아야 한단 말인가. 이럴 거면 제발 이혼을 해 달라고 애원을 해도, 듣는 척도 하지 않는다.

정말로 미치고 환장할 노릇이다. 이제 우리 부부는 화합할 가능성이 눈곱만큼도 없어 보인다.

출근하려는 데, 화가 치밀어 발길이 떨어지지 않는다. 양복바지는 벌써 1주일째 똑같은 옷이다. 며칠 동안 입어 후줄근한 양복바지와 누런 와이셔츠를 줄곧 입으니, 시골에서 방금 올라온 촌뜨기 같아 보인다.

오늘은 작정하고 마누라에게 따져 물었다.

"이봐 내가 이렇게 입고 출근하니 보기 좋은가?"

마누라는 묵비권을 행사한다. 나는 다시,

"이렇게 입고 다니면 사람들이 당신 욕하는 거를 모르나?"

마누라는 대꾸도 없이 자기 옷만 챙겨 입는다. 마누라가 걸친 옷을 보니 일류 멋쟁이도 울고 갈 모습이다. 항상 새 옷 같은 모습에 단정하기까지 하다. 화가 머리끝까지 나서 현관으로 나서는 집사람을 불러 세운다.

"이봐 남편을 뭐로 보는 거야? 아침마다 먹을 거는 챙겨 먹으면서 왜 내 것만 없냐? 이게 말이 되는 거야."

고래고래 소리 지르며 따져 물었다.

그때, 어머니 방문이 열렸다.

"시끄럽다. 나는 이거 네 매형이 사다 줘서 먹는 거야. 넌 이런 거 사다 줘 봤어? 네 매형 반만 닮아 봐라."

나는 할 말을 잃고 어머니를 쳐다보았다.

"너도 처먹고 싶으면 사다 먹으면 되지 왜 떠들고 지랄이야."

하하 맞다……. 먹고 싶으면 사다가 처먹으면 되는 것을 나는 왜 몰랐을까……. 어이가 없어 헛웃음만 나온다.

"그런데 40이 훨씬 넘은 아들한테 지랄이 뭐예요."

나는 화를 참지 못하고 씩씩댔다.

"며느리 앞에서 그게 할 이야기입니까? 그리고 나를 매형하고 형하고 그리고 누나하고 왜 비교를 해요?"

효도하려는 나를 어머니는 이처럼 개차반 취급을 한다. 정말로 미치고 팔짝 뛰다가 뒈질 일이 아닌가?

여느 집 시어머니는 며느리가 아들 아침밥을 굶기고 출근복을 챙겨주지 않으면, 야단을 치고 가르치며 시집살이를 시킨다.

그러나 어머니는 며느리 앞에서 아들한테 쌍욕을 해대며 며느리 편을 든다. 그러니 마누라가 기고만장해서 남편 알기를 '소 닭 쳐다보듯' 하는 것이다. 참말로 미치고 환장할 노릇이다.

우리 집에서 매일 벌어지는 아침 풍경이다. 애들 보기에 창피하지만, 무엇보다 가정교육에 심각한 문제가 될 거 같아 걱정이 앞선다.

내가 이 썩을 놈의 집을 나가든가. 어머니를 내보내든가, 마누라를 내쫓던가, 하는 결단을 내리지 않고서는 별다른 방법이 없어 보인다.

하루빨리 확실한 결정을 내려야 할 때가 온 거 같다. 이 상황을 수습할 솔로몬의 지혜가 떠오르기를 기대할 뿐이다.

내 인생의 블루스

 오늘도 해장국 대신 어머니한테 욕만 실컷 얻어먹었다. 스트레스가 머리끝까지 오른 상태로 출근을 하려 하니, 내 인생이 가련하다는 생각이 든다. 나도 모르게 눈물이 볼을 타고 흐른다.
 자동차에 올라타서 열쇠를 돌려도 시동이 걸리지 않는다. 살펴보니 밤새 꼬리 등을 켜놓아서 건전지가 방전된 것이다.
 "염병할 놈의 세상은 왜 이렇게 더럽게 돌아가는 건지

원……. 지구가 확 폭발하였으면 좋겠네."

마음대로 되는 것이 없으니, 입에서는 상스러운 욕만 연신 나온다. 지각 출근하여 자리에 앉자마자, 여직원이 다가오더니,

"과장님, 지각하신 분들 모두 사장실로 오시래요."

제기랄, 사장 놈은 내가 지각만 하면, 귀신같이 알고 그냥 넘어가는 일이 없단 말이야. "미스 리, 나 거래처 가다가 뒈져 버렸다고 해줘."

쏴붙이고 곧장 거래처로 도망을 친다.

"아니 이걸 제품이라고 만들었습니까?"

"이 제품은 납품받을 수가 없어요."

하도급 공장 사장한테 괜한 화풀이를 하다니! 미안한 생각에 밖으로 나와서 혼자 터벅터벅 길을 걷는다.

아침밥을 굶어서인지 허기를 느껴, 이른 점심으로 해장국을 먹었다. 위장에 따뜻한 국이 들어가니 숙취가 한결 덜하다. 오늘은 누구의 간섭도 받기 싫다.

의미 없이 하도급 공장을 몇 군데를 더 돌아다녔다.

퇴근 시간이 멀었는데, 집에서 누른 삐삐가 연신 울려

댄다. 시간으로 볼 때 어머니가 호출한 것이 분명하다. 전화하기 싫지만, 수화기를 든다.

"아비냐? 애들이 아까부터 아빠 언제 오느냐고 보채고 난리가 났다. 몇 시에 들어올 거냐?"

나는 신경질적으로 대답을 했다.

"난 바빠요. 애 엄마한테 빨리 와서 놀아 주라고 할게요."

어머니는 다급한 듯,

"애들이 아빠만 찾는다니까. 네가 와야 할 거 같아."

종일 손주 둘을 돌보려니 힘이 드시는 것을 잘 안다. 하지만 나는 집에 들어가기 싫다. 조금만 기분이 나쁘면 상말에 고함을 지르는 어머니며, 남편 알기를 발톱에 때만큼도 여기지 않는 마누라 보기 싫어서라도 술이나 실컷 마시고 들어가야겠다.

사실 나는 아이들을 좋아한다. 일찍 들어가서 깨끗이 씻기고, 예쁜 옷을 갈아입히고, 얼굴에 크림을 발라주고, 동네 구멍가게에 먹을 거를 사러 가거나, 산책하는 것을 좋아한다.

하지만 집안 꼴이 개판으로 돌아가니 맨정신으로 들어

가기가 죽기보다 싫다. 아이들도 아빠를 엄마보다 더 좋아하지만, 오늘도 취해서 들어가기로 작정하였다.

친구들을 불러내어 3차까지 술을 마시고 얼큰해져서 집에 들어갔다. 마누라는 대(大) 자로 뻗어 코까지 골아가며 정신없이 자고 있다. 남편이 오는 것도 모르고, 무엇을 하느라 늦었는지, 밥은 먹었는지 관심조차 없다.

'제기랄! 이럴 줄 알았으면 독신으로 살 것을 왜 결혼을 하였을까.' 땅을 치며 후회를 해보지만, 이미 돌이킬 수 없는 일이다.

아이들이 과자를 사러 슈퍼마켓에 가자고 조른다. 아이들하고 외출하려고 현관에서 슬리퍼를 찾아도 보이지 않는다.

슬리퍼를 사다 놓으라고 한지가 벌써 몇 달이 지났다. 슬리퍼가 없으니 잠깐의 외출에도 구두를 신어야 한다. 나는 술 취한 몸을 가누며 큰 소리로

"이봐! 왜 슬리퍼를 사다 놓지 않는 거야? 나쁜 놈의 여편네, 말이 말 같지 않아."

나도 이제 악밖에 남은 게 없다.

그때 어머니가 방문을 발칵 열어젖히며 또 한마디 하신다.

"저런 나쁜 놈! 술을 처먹고 왔으면 자빠져 잘 것이지. 다른 사람 잠도 못 자게 소리를 지르고 지랄이야."

고래고래 소리를 지른다. 아! 이런 일을 두고 미치고 환장한다고 하였던가? 내가 왜 어찌하여 늙은 홀어머니를 모시고 효도를 한다고 하였던가.

정말 어처구니가 없어 할 말을 잊는다. 염병할 놈의 집 구석 확 불이라도 지르고 싶은 심정을 애써 참으며 두 아이를 데리고 밖으로 나온다.

어머니는 아무리 효도를 하려 해도 받아 주지 않아 정말 속상하다. 효도는 혼자 할 수 없는 일이 아니다. 받아 주어야 효도가 되는 거 아닌가.

어머니는 그런 내 마음을 받아 줄 마음이 조금도 없는 거 같다. 나의 마음을 아는지 모르는지, 어머니는 나한테 항상 시비를 걸고 야단만 친다.

혼자 살고 계신 것이 안쓰러워서, 효도 좀 하려고 같이 살자고 한 것이 화근이었다. 서울의 집을 빼서 방세가 싼

외곽으로 이사하여 어머니하고 같이 살고 있다.

집안의 제사며 친척들의 대소사까지 형 대신 내가 도맡아 하고 있는 데도 나를 알아주지 않는다. 어머니는 매번 형을 두둔하며 같이 사는 나에게만 야단을 친다.

효도 좀 해보겠다는 작은아들의 마음을 몰라주는 어머니가 정말 싫다.

고함에 욕지거리를 일삼는 어머니며, 나를 무시하고 왕따를 시키는 마누라 년은 이제 꼴도 보기가 싫다.

그렇다고 두 사람을 내쫓을 수는 없는 법, 유일한 방법은 내가 이 집에서 도망을 치는 것이다. 이 집에서의 탈출을 꿈꾸며 한잔 술을 더하고, 아이들을 씻겨 재우고 나서, 지친 몸을 자리에 눕히고 잠을 청하지만, 아비 없이 살아갈 아이들 걱정에 잠이 오지 않는다.

걱정하지 말아요(Don't worry)

그대여 아무 걱정 하지 말아요
(중략)
그대 아픈 기억들 모두 그대여
그대 가슴에 깊이 묻어 버리고
(중략)
그대는 너무 힘든 일이 많았죠
새로움을 잊어버렸죠
그대 슬픈 얘기들 모두 그대여

그대 탓으로 훌훌 털어 버리고

지나간 것은 지나간 대로

그런 의미가 있죠

우리 다 함께 노래합시다

후회 없이 꿈을 꾸었다고 말해요

-걱정하지 말아요(Don't worry)(들국화 전인권)

 삶이 통째로 무너지고 있었다. 그러나 누구한테도 의지하거나 위안을 받을 수조차 없다. 발가벗겨져 세상에 홀로 버려진 기분이다. 어떻게 살아야 할지 막막하기만 하다.

 그날도 한적한 바닷가에서 술에 취해 있었다. 술기운을 빌려 극단적인 선택을 망설이고 있을 때였다. 어디선가 느린 하드-록의 리듬이 애절하게 들려온다.

 '걱정하지 말아요. 그대' 가수 전인권이 부른 곡이다. 신기할 정도로 노랫말이 귀에 쏙 들어온다. 나를 위해 쓴 노랫말 같다.

 '지난 아픈 기억들은 모두 잊어버려라'라고 한다. 그 어떤 백 마디의 말보다 위로가 된다. '지나간 것은 그런

대로 의미가 있다.' 가슴을 후벼 파는 가사이다. 실수투성이인 지난 일들도 나름대로 의미가 있다고 한다.

'과거는 다시 돌아오지 않는다.' 지난 일은 현재로서는 어쩔 수 없는 일이다. 머리를 싸매고 고민을 해도 해결할 방법은 없다. 그렇다면 잊어야 하지 않겠나. 노랫말대로 지난 일들은 모두 나의 탓으로 돌리고 훌훌 털어 버리기로 하였다.

'우리 다 함께 노래합시다.' 그동안 천애고아(天涯孤兒)처럼 살아왔다. 그런데 우리 다 같이 노래를 하자고 한다. 혼자 책임지라고 하지 않는다.

뜨거운 눈물이 하염없이 흘러내린다. 이 가사는 다시 힘을 내서 살아 보자고 다짐하는 확실한 이유가 되었다.

지난 일은 모두 잊기로 다짐한다. 비우지 못하면 살면서 쌓인 삶의 찌꺼기들이 업보(業報)가 되어 평생 나를 괴롭힐 것이다. 이미 지난 일의 아픈 기억들은 모두 버려야 비로소 살 수 있다.

그러나 마음을 비우기란 쉬운 일이 아니다. 잊으려고 할수록 기억은 더욱 선명하게 떠오른다. 그럴수록 명상하면서 무의식중에 나를 괴롭히던 까르마(업장)를 떠올린다.

그러고는 그것을 잘게 부수어 하나도 남김없이 모두 기억에서 지워 버렸다.

'나를 죽여야 비로소 내가 살 수 있다.'라는 화두를 잡고 수행승처럼 간절하게 수행 정진을 한다. 수행 중에 마음이 비워져 가벼워지는 기적을 체험한다. 내 생애 처음으로 느껴 보는 감동이다.

드디어 나는 무엇에도 집착하지 않는 자유인이 되었다. 이제는 서럽고 아픈 기억에서 벗어나 자유롭게 살아갈 수 있다.

'미래는 아직 오지 않았다.' 하지만 미래의 불확실성으로 인한 불안과 걱정으로 스스로 힘들게 한다. 과거의 집착과 미래에 대한 두려움에서 벗어나야만 행복할 수 있다.

나는 명상하면서 미래에 대한 두려운 마음도 모두 비워 버렸다.

마음을 비우고 살아가던 어느 날 언덕에 올라 세상을 내려 보았다. 세상에는 비가 오기도 하고 바람이 불기도 한다. 흐린 날이 있으면 맑은 날이 있다.

태풍이 불기도 하고 미풍이 불기도 한다. 시리도록 아팠던 지난 일들은 나를 위한 자연의 생존 법칙이었다.

불가(佛家)에서는 '비워야 비로소 채울 수 있다고 한다.' 많이 비우면 많이 얻고, 모두를 비우면 천하를 얻을 수 있다고 한다.

깨끗이 비우고 비운 자리에 희망으로 가득 채워 살아가련다. 그렇게 비운 가벼운 마음으로 록-밴드의 로커가 되어 노래하리다.

'아무것도 걱정하지 말고 훌훌 털어 버리고 자유롭게 살자고.' 세상을 향하여 부르짖고 싶다.

차라리 고통이어라…

      한 줄기 바람이 일렁이는 파도를 만든다고 하였던가…….
바람 소리, 파도 소리를 벗 삼아 알코올을 목젖 뒤로 넘기는 작업을 시작한 지 꽤 오래된 듯 이제 제법 취기가 오른다.

    마셔대는 알코올은 실핏줄을 따라 온몸을 돌아친다. 짜릿한 술기운이 나를 위로하듯 온몸으로 퍼져나간다.

취기가 오른 나의 시선은, 짙게 드리워진 먹구름 사이로 향한다.

구름 사이로 이따금 달빛이 어두운 갯가의 풍경을 비추다가 어리석은 나를 비웃듯 이내 사라진다.

일렁이는 물결은 금세 파도가 된다. 파도는 나를 향하여 달려들듯 하다가 바위에 부딪히며 울어댄다.

파도는 사나운 짐승의 갈기처럼 공중에 솟구쳤다가 이내 바다로 내동댕이쳐진다.

성산포에서 보았던, 사나운 짐승처럼 포효하듯 울부짖는 파도 소리는 아직도 내 귓가에 맴돌며 나를 괴롭힌다.

사람이 죽고 사는 것이 자기의 의지대로 할 수 없다는 현실은 무엇인가?

나를 조종하는 신의 세계가 존재한다는 것인가.? 모든 것을 내려놓고 싶다.

비우고 다시 시작하고 싶다.

나의 뇌 속을 파헤쳐서 예전의 상태로 고칠 수만 있다면, 능히 그리하리라.

무엇부터 잘못되고, 무엇이 문제였던가를 알 수만 있다면, 나의 뇌 속을 나의 마음대로 조정할 수만 있다면, 진정으로 사랑하던 시절로 돌아가리라.

누구를 사랑하고, 사랑받는 것만큼 영혼을 살찌우는 것도 없으리라.

미치도록 사랑하며, 열애에 빠져 죽을 수만 있다면 나는 인생을 절대 후회하지 않으리라.

또 한잔의 알코올을 목젖 뒤로 넘긴다.

이 작업이 계속되면 될수록, 슬픔과 외로움이 나를 덮치어 온다.

차라리 한줄기 파도가 되어 밤새 바위에 부딪혀 포효하듯 울부짖으리라.

가슴의 찢기고 찢긴 상처에 소금을 뿌린들. 나의 아픔만 할까…….

바다는 나를 빠져들게도 하고, 이내 나를 잠재우기도 하고, 나를 죽이기도 한다.

성난 파도가 사나운 짐승보다 사납다.

바다가 좋다.

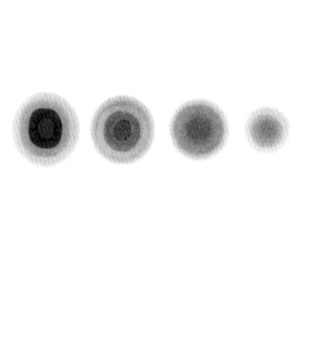

4부

아제아제 바라 아제

어느 날 나는 뜻한 바가 있어, 구도(求道)를 위한 수행을 하기로 하였다. 집에서 생활하면서 하는 요중선(閙中禪) 수행을 하였다. 우선 좌선을 하고 숨을 고른 다음 마음을 고요하게 가라앉히고, 내 내면의 소리에 귀를 기울여 보았다. 고통으로 울부짖고 있는 소리에 귀를 기울보았다.

시경(詩經)에서 이르기를 "솔개가 날아서 하늘에 이르고, 물고기가 연못에 뛰노는 모습은, 위아래가 자연 그대로 드러남이다." 하였다.

세상은 본시(本是) 아름다웠다.

대(大) 자유인이 되다

독일의 철학자 쇼펜하우어는 '고독을 즐기는 법을 배워라.'라고 하였다. 고독을 즐길 줄 모르면 함께 살아도 외롭다.

반대로 고독을 즐길 줄 알면 혼자 있어도 외롭지 않다. 버지니아 울프는 '인생은 고독한 것'이라고 하였다.

수행은 철저히 혼자서 하는 것이다. 수행의 목적은 호연지기(浩然之氣)를 길러, 미혹(迷惑)한 삶을 살지 않으려는 것이다.

수행은 자신을 직시하여, 정확히 통찰하는 거부터 시작된다. 불교에서는 스스로 마음의 등불을 밝히고 의지하여(自燈明), 삶의 문제를 내 안에서 찾으라고 하였다.

어느 날 나는 뜻한 바가 있어, 구도(求道)를 위한 수행을 하기로 하였다. 현실적인 문제로 재가수행(在家修行)의 요중선(鬧中禪)을 하였다.

우선 좌선을 하고 숨을 고른 다음 마음을 고요하게 가라앉히고, 내 내면의 소리에 귀를 기울여 보았다. 그러자 고통으로 울부짖는 내 모습을 보였다.

다시 집중해서, '나는 누구인가?' '내 삶은 왜 이렇게 힘든가?' 질문하며, 문제의 근원을 찾아보았다. 그러던 중 고통으로 일그러져, 울부짖고 있는 내 모습을 보았다.

용천백이는 쉼 없이 내 귀를 후벼 파기도 하고, 수시로 나를 힘들게 하였다. 부모님은 편애로 나를 짓밟았고, 나는 조그마한 희망도 보이지 않는 지옥에서 작은 새처럼 오들오들 떨며 살아야 했다.

부모님은 나를 도대체 왜 그렇게 미워했을까? 나도 같은 자식인데 왜 그렇게 심하게 편애를 하였을까? 과거의 아픈 기억들이 나를 힘들게 하는 사실을 알았다.

 어릴 적 기억이 업식(業識, karma)이 되었다. 고통스러운 기억은 수시로 내 머릿속을 뒤집어 놓았다. 내가 만든 업식이 나를 평생 힘들게 한 것이다.

 그 기억들은 나를 미치게 만들거나, 내 목숨줄을 끊어 놓고서야 물러설 기세였다. 그 업식을 기억에서 지우고 싶었지만, 기억은 지우려고 할수록 나를 더욱더 힘들게 옭아매었다.

 지울 수 없다면 차라리 상대를 용서하자고 마음먹었다. 아무 잘못도 없는 나를 괴롭혀 온 그들이지만, 내가 살기 위해서 용서하는 것이라고 애써 위로하였다.

 하지만 이 방법도 문제가 있었다. 용서란 '내가 옳고 네가 틀렸다. 그러나 내가 특별히 봐준다.'라고 하는 자의식이 강한 내 생각일 뿐이다.

 용서는 문제의 근원을 잠시 감추어 둘뿐, 근본적인 해결책이 되지 못했다.

 그렇게 고민하던 어느 날 새벽, 일찍 눈을 떴다. 순간, 머리가 환하게 밝아 오며, 세상의 이치가 한눈에 보였다.

나도 모르게 탄식이 저절로 나왔다.

"아 그랬구나! 그들한테도 나름대로 업식이 있었고, 그들도 본인만의 업식대로 살아온 것이구나. 결코, 내가 미워서, 나를 해코지하려고 그런 것이 아니었구나. 그런 것을 모르고, 내가 오해를 하였구나."

마음에 깨달음이 왔다. 순간 그렇게 밉던 상대에 대한 업식이 눈 녹듯이 사라지는 것이 아닌가? 온통 엉클어져 있던 머릿속이 하얗게 맑아지며, 세상이 있는 그대로의 참모습이 보였다.

세상을 색안경을 끼고서 바라본 것이 아니고, 있는 그대로 본연의 모습을 이해하게 된 것이다. 그 순간 나를 괴롭히던 업식이 봄날에 눈 녹듯이 사라졌다.

업장소멸(業障消滅)이 된 것이다. 업장소멸이란 상대(부모, 형) 입장을 충분히 이해하여 상대가 그때는 그럴 수밖에 없었다고 하는 공감을 하였을 때 소멸하는 것이다.

드디어 그 무엇에도 집착하지 않게 되었다, 내 주관대로 주인공이 되어서 살아가는 대 자유인(自由人)이 된 것이다.

나는 그동안 업식에 가려 세상의 참모습을 보지 못하였다. 세상을 있는 그대로 보지 못하고, 색안경을 쓰고서 세상이 어둡다고 불평하며 살아온 것이다.

부모님도 나처럼 나름대로 업식이 있었다는 사실과 내가 미워서 그런 것이 아니고, 그분들도 그저 업식이 시키는 대로, 즉 본능대로 살아온 것이다.

새벽에 깨어나서 사실을 깨닫고, 뜨거운 눈물을 하염없이 흘렸다. 그 눈물은 참회의 눈물이며, 사과의 눈물이었다.

그러던 중 잠시 후, 또 한 번의 기적이 일어났다. 그토록 밉던 형과 부모님의 사랑의 온도가 온몸으로 느껴졌다.

내가 원망하고 증오하던 사람들을 나의 주관(왜곡된 업식)으로 바라보며 그들이 나를 미워한다고 생각한 것이다. 문제의 원인을 내 안에서 찾지 않고 남을 원망하며 살았다.

모든 문제의 근원은 나에게 있었다는 사실을 깨닫고 오열하였다. 집착하는 마음(업식)을 비워야, 비로소 내가 살 수 있다. 드디어 잃어버린 나를 찾은 것이다.

시경(詩經)에 이런 글이 있다.

"솔개가 날아서 하늘에 이르고, 물고기가 연못에 뛰노는 모습은, 위아래가 자연 그대로 드러남이다."

자연은 나름의 자신의 생존을 위해서 살아간다. 태초에 부여받은 자연의 뜻대로 오직 생존 법칙을 따르며 살아간다.

인생사도 나름의 형성된 업식대로 살아간다는, 숭고한 뜻을 너무 늦게 깨달았다. 그동안 나를 힘들게 하는 번뇌에서 벗어나니 세상이 아름답게 보였다.

이제부터 그 무엇에도 집착하지 않는 자유인으로 남은 인생을 즐기며 살다 갈 수 있어 다행이다.

무애(無礙)의 삶을 살다

자유인이 되어서 마주한 세상은 경이로웠다. 깨달은 직후 나는 업장(業障)이 봄날 눈 녹듯이 소멸되는 것을 경험하였다.

금강석(金剛石)보다 더 강하게 둘러붙어 나를 괴롭히던 업장이 사라진 것이다. 업장이 사라진 자리에 희망과 사랑이 가득 차는 게 아닌가? 그저 놀라움의 연속이었다.

업장소멸을 경험한 후 나에게 놀라운 변화가 일어나기 시작하였다. 우선 내 얼굴에 화기가 돌았다.

세상의 온갖 근심을 다 가진 사람처럼, 굳어있던 표정이 놀랍게 변화하고 있었다. 입꼬리가 올라가고, 멍청하던 눈에는 초롱초롱한 기운이 감돌았다.

사랑과 평화로움이 넘치는 내 모습을 보고 주위 사람들이 몰려들었다.

나는 깨닫기 전에는 심각한 염세주의(厭世主義)자였다. 세상에 대한 원망과 불만으로 가득 차서 불행한 삶을 살아왔다.

그러나 '이제 세상은 충분히 살아갈 가치가 있다.'라고 생각이 변하였다. 이제부터는 누구보다 열심히 살며, 그동안 하고 싶은 것을 마음껏 하면서 살아가야겠다고 다짐하였다.

신춘문예에 당선되고 수필작가가 되어 이렇게 나의 지난 이야기를 지면에 쏟아 놓을 수 있어 행복하다. 또한, 새로운 희망을 노래하며, 미래의 나를 그려 보는 재미도 쏠쏠하다.

이제부터 나와 유사한 문제로 힘들어하는 사람들에게 보탬이 될 글을 쓸 것이다.

세상은 내가 마음먹은 대로 돌아간다는 것을 깨달은 것이 내 인생의 최고 순간이었다. 불가에서 말한 일체유심소조(一切唯心所造)를 실감하게 되었다.

불신과 미움으로 가득 찼던 나의 업식으로, 세상을 왜곡하여 보게 되었다는 사실을 알았다. 이제는 집착하던 업식을 모두 내려놓고, 감사의 마음으로 세상을 살 것을 다짐한다.

하지만 깨달음 이후에도 마음 한구석에는 찜찜한 문제가 하나 남아 있었다. 가슴에 마치 대못이 박혀 있는 듯, 묵직한 먹먹함으로 고생을 하였다. 그것이 무엇인지 설명하기에는 필력이 부족하다.

하지만 잘 먹은 뒤 소화가 덜된 듯, 답답함이 명치끝에 걸려 있었다.

그러던 어느 날 꿈속에서 나는 수술대 위에 눕혀 있었다. 내 가슴은 수술칼로 갈라져 하얀 속살을 드러내고 있었다.

의사는 가슴에 박힌 기다란 덩어리를 연신 끄집어내고 있었다. 그 기다란 덩어리는 내 가슴속 깊이 박혀 있던 대못이라는 사실을 느낌으로 알 수 있었다.

의사는 대못을 모두 뽑아내고 정성껏 상처 부위를 치료하여 주었다. 나는 정신을 차려 수술실을 살펴보았다.

의사는 아버지였다. 옆에는 형이 수술을 돕고 있었고, 어머니와 누나는 간호사로 수술을 돕고 있었다. 동생은 저쪽에서 많은 천사와 사랑의 노래를 부르고 있었다.

온 가족이 나의 마지막 치료를 위하여 열심히 수술하고 도와주고 있었다. 가족의 따뜻한 사랑을 느끼는 순간이었다. 나는 평생을 가족과 차별을 당하고 미움의 대상이었다는 생각에 사로잡혀 단 하루도 행복하지 못했다.

그러나 꿈속에서는 내 가슴에 박힌 못을 뽑아내기 위하여 온 가족이 나를 도와주고 있었다. 온 가족의 사랑을 온몸으로 느끼며 나는 난생처음으로 행복을 느꼈다.

수술이 끝나자 가슴에 깊이 남아 있던 묵직한 답답함이 사라졌다. 온 가족이 나의 아픔을 달래주기 위해 노력을 아끼지 않은 모습에 감동하였다.

피해 의식으로 온 가족들을 미워해 왔다. 그 잘못된 업식으로 지옥 같은 인생을 살아온 것이다. 난생처음으로 내 가족에게 무한한 사랑을 느꼈다.

내가 오해를 해서 다른 사람들을 원망하며 살았다. 원인을 밖에서만 찾으려고 하였다. 하지만 원인은 내게 있었다.

수행하면서 바로 내 안에서 문제를 찾은 것이다. 이제 비운 자리에 새로운 희망을 가득 채워, 행복하게 사랑하며 살고 싶다.

아름다운 여생을 위하여…….

일체유심소조(一切唯心所造)

　　　　봄은 왈츠의 선율을 타고 온다. 따뜻한 봄의 기운이 나비의 날갯짓으로 하늘거리면 거대한 대지가 꿈틀거리기 시작한다. 아지랑이와 종달새는 다투어 오는 봄을 알린다.

　지난해 봄 어느 날 안산천 언저리를 걷고 있었다. 발밑에 연두색 애벌레가 길을 가로질러 바삐 가고 있다. 어느 순간 새의 먹이가 되거나, 온몸에 먼지를 뒤집어서 쓰고 지쳐 쓰러질 것이 틀림없다.

발길을 재촉하며 걷고 있는데 머릿속에는 애처로운 애벌레가 뇌리를 맴돈다. 발길을 돌려 녀석을 길 건너 풀숲에다 놓아 주었다.

신이 난 듯 풀숲으로 들어간다. 허리를 숙여 바라본 풀숲에는 각종 곤충의 애벌레가 천국을 이루어 살아가고 있었다. 평소에 보이지 않던 모습이다.

풀숲에는 그들만의 세상이 펼쳐지고 있었다.

낮은 천변에서는 어른 팔뚝만 한 잉어 수백여 마리가 파드득거린다. 암컷이 방금 산란한 알 위에 수컷이 수정하고 있었다.

생명 잉태의 모습을 지켜보노라니 자연의 풍경이 경이롭다.

대여섯 마리의 집오리 틈에 외로운 철새 왜가리 한 마리가 애처로이 놀고 있다. 무슨 사연이 있길래 고향으로 떠나지 못하고 텃새가 된 것인가…….

예전보다 맑아진 천변에서 정겨운 동물 가족과 눌러살기로 작정한 것일까? 새들은 사람을 겁내지 않는다. 먹이를 받아먹고 친근감을 보이며 어울려 살아간다.

비둘기며 참새 등은 사람이 지나가도 슬쩍 비켜 줄 뿐 전혀 두려워하지 않는다. 물가의 커다란 잉어들도 사람의 그림자를 보면 따라다니는 것이 강아지를 닮았다.

언제부터인가 십여 마리의 거위 가족도 보인다. 거위는 오가며 촬영하는 사람들에게 모델이 되어주기도 하고, 사람들과 가족처럼 스스럼없이 살아가고 있다.

새끼 오리를 돌보는 어미는 부지런히 오가며 먹이를 잡아 먹인다. 그 모습을 보려고 자녀를 데리고 구경나온 가족의 모습도 보인다.

자연과 함께, 동물들이 어울려 살아가는 모습을 바라보고 있노라니 아마도 천국이 있다면 이런 모습이 아닐까 하고 생각해 본다.

매년 수없이 천변을 오갔지만 무관심하게 지나쳤던 모습이다. 하지만, 이번 봄에는 아름답게 보인다. 그전에는 이런 모습이 눈에 들어오지 않았다. 혹독한 겨울이 너무 추웠기 때문에 봄이 온다는 희망을 잃고 살아서일까?

사람들은 사물을 볼 때는 내가 보고 싶은 것만 본다. 내가 보고 싶은 것을 선별하여 나름대로 각색하고 왜곡하여 본다.

 왜 사람은 보이는 대로 보지 않고, 보고 싶은 것만 볼까. 같은 풍경도 자신의 근기(根氣)대로 보고 느끼기 때문에 사람마다 느끼는 감정이 모두 다르다.

 불가에서는 실상(實相)을 있는 그대로 보라고 가르친다. 즉 세상을 나의 주관으로 보지 말고, '자연의 본래 모습'을 느끼라고 한다. 그래야만 사물의 본래 모습을 있는 그대로 볼 수 있기 때문이다.

 본시 세상의 모습은 아름다웠다. 경이로운 생명력으로 꿈틀대는 지상낙원이었다.

 그러나 나의 주관으로 보는 자연의 모습은 모두 왜곡된 모습이다.

 나의 업식(業識)이 자연의 본래 모습을 왜곡시켰기 때문이다. 그동안 내가 본 자연은 실상이 아니고 허상이었다. 그동안 내 생각대로 멋대로 세상을 바라보면서 세상탓을 하며 살아왔다.

 검은색 안경을 쓰고서는 세상이 어둡다고 불평하면서 살아왔다. 즉 나의 주관대로 세상을 바라보고는, 내 생각이 모두 맞는다고 고집하는 우(愚)를 범(犯)하며 살아왔다.

일체유심소조(一切唯心所造)라 하였다. 세상의 모든 것은 나의 마음 상태에 따라 다르게 보인다. 부정적인 근기를 가지고 있는 사람한테는 온 세상이 긍정적으로 보일 리가 없다.

세상 살아가는 이치를 깨닫고 세상을 직시할 수 있는 사람은 어떠한 고난이 닥쳐도 두렵지가 않다고 한다.

진리 속에 답이 있다는 것을 알기 때문이다.

탐하고 집착하는 마음을 버리면 나도 자유인이 될 수가 있다는 사실도 알게 되었다. 얻기 위해서는 우선 비워야 한다는 사실도 알았다.

모두 비우고 하심(下心)으로 살아가다 보면 어느새 인생의 절정을 나도 맛볼 수 있을 것이다.

인문학을 섭렵한 사람은 진정한 자유를 누리며 살아갈 수 있다고 한다. 진리를 깨닫기 때문일 것이다.

진리를 깨달은 사람은 자유롭게 살아가는 법을 터득할 것이고. 내가 누구인지 직시(直視)할 줄 알면 세상의 살아가는 이치가 보이고, 자유로운 삶이 보인다는 사실을 늦은 나이에 알았다.

여생은 보이는 모습 그대로 세상을 직시하면서 여유로운 삶을 살아가야겠다.

유례가 없는 역병으로 너 나 할 것 없이 힘들어하고 있다.

이럴 때일수록 세상을 본래 모습으로 직시(直視)할 수 있는 안목을 기른다면, 세상살이가 두렵지만은 않을 것이다. 모두 어려운 환경에서도 슬기롭게 이겨내기를 기원한다.

아제아제바라아제(揭諦揭諦波羅揭諦)

"나는 가난한 탁발승이오. 내가 가진 거라고는 물레와 교도소에서 사용하던 밥그릇과 염소젖 한 깡통과 허름한 담요 여섯 장, 수건 몇 장, 그리고 대단치도 않은 평판. 이것뿐이오."

'마하트마 간디'가 1931년 9월 런던에서 열린 제2차 원탁회의에 참석하기 위해 가던 도중 마르세유 세관원에게 소지품을 펼쳐 보이면서 한 말이다(무소유 중에서 -법정 스님).

법정 스님은 '간디'의 글을 읽고서 매우 부끄러웠다고 한다. '간디'가 소유한 물건과 스님의 소유물을 비교하며 자책을 한 것이다.

산중에서 수행하며 평생 무소유를 실천하며 살다가 가신 스님은, 그 무엇에도 집착하지 않는 청정한 마음으로 살아오신 분이다.

스님의 무소유 열풍이 사그라지나 싶더니, 이제는 Minimal life를 실천하는 사람들이 유행처럼 늘어나고 있다.

나도 최소한의 것만으로 생활하여 보기로 하였다. 본래 필요하여서 사들인 물건이었지만 소용이 다 한 물건을 먼저 버렸다. 사용 빈도가 떨어지는 물건은 필요한 사람들에게 나누어 주거나 재활용센터에 보냈다.

1년 동안 단 한 번도 입지 않던 옷들은 등도 재활용 수집 통에 집어넣었다. 평생 아끼던 책은 고전과 문학 서적만 빼고 필요치 않은 물건들과 함께 밖에 내놓았다.

'필요한 사람은 가져가셔도 됩니다'라고 써놓았더니 채 한나절이 가기 전에 모두 사라졌다.

내가 버릴 것은 물건만이 아니었다. 온갖 잡다한 생각으로 가득한 마음도 비우기로 하였다. 이순(耳順)까지 살아오는 동안 쌓였던 삶의 상처들은 평생 나를 괴롭혔다.

어릴 적 부모·형제 또는 주위 사람들에게 상처받은 기억들이 수시로 나를 힘들게 한 것이다. 인격이나 성품에 오랫동안 영향을 미친다.

"과거는 다시 돌아오지 않는다."

지난 일은 현재는 어쩔 수 없는 흘러간 일이다. 머리를 싸매고 지난 일로 고민을 하여도 해결할 방법은 없다. 과거의 집착에서 벗어나는 길은 오직 그 기억을 버리고 비우는 것이다.

"미래는 아직 오지 않았다."

하지만 미래의 불확실성으로 인한 불안과 걱정이 나를 평생 힘들게 하였다. 과거의 집착과 미래에 대한 두려움에서 벗어나야 행복할 수 있다.

나는 깊은 명상을 하면서 모두 비워내기로 하였다.

불가에서 말하는 하심(下心) 하는 마음으로 살아가기로 하였다. 서럽고 아파서 상처가 된 기억들이 집착을 만든다고 한다.

그러나 집착에서 벗어나려고 발버둥 칠수록 점점 더

수렁으로 빠져드는 것이었다. 하지만 반대로 집착에서 벗어날 수만 있다면, 모든 속박에서 벗어날 수 있는 자유인(自由人)이 될 수 있다는 사실이다.

"비운 자만이 비로소 얻을 수 있고, 많이 비우면 많이 얻을 수 있다. 모두 버리면 천하를 얻을 수 있다고 하였던가."

알 듯 모를 듯한 야릇한 화두를 잡고 명상수행을 시작하였다. 수행하던 중 작은 깨달음이 있었다. 상대를 용서하는 게 아니라, 이해하여야 비로소 미워하는 마음을 비울 수 있다는 사실을 깨닫게 되었다.

당시 나를 힘들게 하였던 사람들을 이해하기로 하였다. 그러던 여느 날 거짓말처럼 기적이 일어났다. 상대가 '그때는 그럴 수밖에 없었겠다.'라고 이해하게 된 것이다.

상대를 이해하니까, 미워하는 마음이 사라지고 해묵은 감정이 모두 사라지는 게 아닌가. 결국, 남을 미워하는 마음이 평생 나를 힘들게 한 것이다.

나를 힘들게 하던 사람들을 용서하기로 마음먹은 적이 있었다.

용서란! 아직도 내가 옳고 네가 잘못이라고 아집(我執)을 부리는 어리석은 행동이다.

상대방의 처지에서 확실하게 이해하니 집착하는 마음을 내려놓게 되었다. 이제는 마음에 아무런 집착이 없는 평온한 상태가 되었다.

드디어 서럽고 아픈 기억에서 벗어나 자유인이 된 것이다.

나는 내친김에 명상수행을 계속하기로 하였다. '내가 죽어야 비로소 내가 살 수 있다.'라는 간절함으로 여러 날을 보낸 어느 날이었다.

수행 중 나는 우주의 존재자(存在者)이고, 내가 곧 우주이며 우주가 곧 나라는 진리를 깨닫게 되었다. 즉 다시 말해서 우주와 나는 둘이(不二) 아니고 다르지도(不異) 않다.

너와 나는 구별되는 상대적인 타인(他人)이 아니고 원래부터 동인(同人)이라는 사실을 체감하였다. 연기법(緣起法)을 깨달은 것이다.

바람 부는 어느 날 언덕에 올라 들판을 내려다보았다. 대지에는 비가 오기도 하고 바람이 불기도 한다. 흐린 날이 있으면 맑은 날이 있다.

　태풍이 불기도 하고 미풍이 불기도 한다. 눈앞에서 벌어지고 있는 자연의 모습은 내 삶을 위한 우주의 생존 법칙이었다.

　자연은 나를 위하여 그렇게 대서사시(大敍事詩)를 쓰고 있었다.

　세상의 이치를 깨닫고 나니 세상을 자유롭게 살아갈 수 있어 좋다. 자연과 내가 하나라는 사실은 세상살이를 수월하게 해준다. 자연은 본시(本是) 아름다웠다.

　자유인이 되어서 바라본 세상은 예상보다 황홀(恍惚)하였다.

방하착(放下着) 하라

조주(趙州) 스님은 선문답(禪問答)으로 유명하다. 어느 날 스님을 찾아와서 고통을 호소하는 제자에게 '방하착(放下着) 하라.' 즉 '내려놓아라.'라고 하셨다.

제자는 '한 물건도 가지고 오지 않았는데 무엇을 내려놓으라십니까?'라고 하자 스님은 '그러면 착득거(着得去) 하시게.'라고 하셨다. 마음속의 욕심과 집착, 분별심을 버릴 수 없다면, 지고 가라고 하신 것이다.

스님은 '집착하는 마음을 내려놓고, 짓눌린 삶의 무게

에서 벗어나라.'라고 하였다. 집착하는 마음을 내려놓으면, 누구나 자유인이 된다.

미워하는 마음, 사랑하는 마음, 갖고 싶은 마음, 모두 내려놓고 살아야 한다. 우리는 자신도 모르게 집착에 빠져 힘들게 살아간다. 그럼 살면서 주로 무엇에 집착하는지 유형을 살펴보자.

태어나면 반드시 죽는다(生者必滅). 생과 사는 서로 다른 존재가 아니다. 둘은 항상 상호작용한다. 태어나서 죽지 않으면 지구는 유지할 수가 없다.

진시황은 영생을 원했지만 결국 죽었다. 부처님도 죽었고, 알렉산더 대왕도 죽었다. 그 누구도 영원한 삶을 살 수 없다.

서산대사는 '태어나는 것은 구름 한편 일어남이요, 죽는다는 것은 구름 한 점이 사라지는 것과 같다.'라고 하였다.

만나면 반드시 헤어진다(會者定離). 만나고 헤어지는 것이 세상의 이치다. 따라서 영원한 사랑도 없다.

욕심내고, 미워하고, 사랑을 독점하고, 이별을 잊지 못

하는 것 모두 집착이다. 집착하면서 자기 마음대로 이루어지지 않을 때 불행하다고 생각한다. 집착을 모두 내려놓고 자연의 섭리대로 사는 것이 행복이다.

사랑을 이유로 상대를 구속하는 것은 집착이다. 사랑과 이별은 다른 게 아니고 같은 존재이다. 어찌 이별 없는 사랑이 있을 수 있을까? 사랑할 때 이별을 대비한다면, 헤어짐을 쉽게 받아들인다.

단언컨대 영원한 사랑은 없다.

노자는 그의 저서 도덕경에서 무위자연(無爲自然)을 가르친다. 자연 속에서 인생을 배우라고 하였다. 자연을 거슬러 살아가면 큰 재앙이 뒤에 따른다.

인위적(人爲的)인 삶은 반듯이 대가를 치르게 되어있다. 무위적(無爲的)으로 자연에서 배워 살아가는 것이 방하착 하는 삶이 아닌가, 하는 생각이다.

또한, 노자는 물처럼 살라고 하였다. 물은 깊으면 채워서 흐르고, 막히면 돌아서 흐른다. 물은 스스로 얼 때를 알고, 녹아서 흐를 때를 안다.

또 한 물은 거슬러 오르는 법이 없다. 물은 낮은 곳으로 흘러 대양을 이룬다. 대양은 더러운 물, 깨끗한 물을 가리지 않고 모두 받아들인다. 대단한 포용력이다.

대양 받은 물을 정화 시켜, 태양빛으로 하루에도 수백만 톤씩 증발시켜 구름을 만든다. 구름은 바람을 타고 지구 곳곳에 비를 뿌려 준다. 자연은 그렇게 인류를 위하여 대서사시(大敍事詩)를 쓰고 있다. 자연의 섭리에서 인생을 배우는 지혜가 필요할 때다.

불교의 핵심은, 고해(苦海)의 세계에서 벗어나려면, 삼독(三毒) 즉, 탐진치(貪瞋癡)를 버리는 것이다.

삼독을 버리고 세상사의 이치를 깨달아 열반(涅槃)에 드는 법을 배우는 것이 불교이다. 욕심내고, 화내고, 어리석음을 깨닫지 못하는 것은 모두 집착에서 오는 것이다.

민들레 씨앗은 바람이 실어다 주는 곳에서 싹을 틔운다. 민들레는 싹을 틔울 자리의 높낮이를 따지지 않는다. 심지어 척박하기 그지없는 콘크리트 틈 사이에서도 꽃을 피운다.

사람처럼 흙수저 금수저를 따지지 않는다. 자연을 배우면, 삶이 행복하고 풍성해질 것이다.

작은 깨달음 이후, 제대로 된 세상을 보다

2019년 어느 날 새벽에 깨어나 큰 깨달음이 있었고, 이후에 나는 놀라운 경험을 하였다.

모든 일은 내가 세상의 참모습을 보지 못하고, 내 주관으로 세상일을 오해한 것이 문제의 발단이었다는 사실을 알았다.

깨달음이 있고서 그렇게 밉던 부모님과 형제들이 모두 이해가 되는 것이었다.

사람은 누구나 본인이 만든 업식(業識, Karma)으로 세상과 소통하며 살고 있다는 사실을 알았다. 업식이 각자의 인격이 되고 성품이 되는 것이다.

살면서 경험하고 행동한 모든 일이 업식이 되어 내 마음속에 관념으로 남는다. 경험하고 행동하는 모든 것, 주위 환경이나 가족의 영향을 받아 마음의 깊은 곳에 틀어박힌 것이 업식이다.

그래서 살아가는 방식이 모두 같을 수가 없다. 그래서 말하거나 행동할 때, 그 업식이 세상의 사물과 작용을 하며, 웃고 울고, 환호하고 화내고, 좋고 나쁨, 싫고 좋음을 분별(分別)하게 한다.

그래서 사람들 제각각 고유의 성품을 지니고 있다. 사람은 누구나 그렇게 형성된 인격으로 세상을 살아간다.

어머니는 결혼하여 딸을 셋을 낳았지만 키우다가 모두 잃었다고 하였다. 당시에는 자식을 키우다 잃는 일은 흔한 이야기였다. 하지만 딸만 내리 셋을 낳은 것이 문제였다. 당시에는 아들을 낳지 못하면, 소박 받는 일이 흔했다.

딸만 낳은 것도 소박 받을 일인데, 키우다가 모두 죽었으니, 어머니의 스트레스는 두 번 말해 무엇하랴. 어머니는, 당시에 죽고 싶은 심정이었다고, 회상하시곤 하셨다.

그러던 중에 꿈속에서도 바라던 아들을 낳은 것이다.

형의 탄생은 어머니께는 행운이었다. 그동안의 딸만 셋 낳은 일을 모두 용서받을 수 있었을 것이다.

그런 형은 어머니에게 엄청난 행운을 안겨준 보물과도 같았다. 당연히 어머니는 형을 신앙(信仰)처럼 떠받들며 키웠다.

이때부터 어머니는 형에게 심한 집착하였을 것이고, 형은 마치 천상천하 유아독존처럼 부러움 없이 살았다.

형은 어머니의 삶의 이유가 되었을 것이다.

어머니는 그런 형을 애지중지하였다. 형이 원하는 것은 모두 가질 수 있었다. 당시에는 먹고 입는 것이 변변하지 못할 때였지만, 형의 밥상에는 늘 김과 생선 고기반찬의 성찬이었다.

하지만 다른 형제들은 눈치를 보아야, 겨우 몇 점 얻어먹을 수 있었다. 형이 이유도 없이 나를 때리고 괴롭혀도, 형에게 야단치는 법이 없었다. 그건 형의 성질을 건드려서, 내 잘못으로 얻어맞았다고 다시 나를 야단치는 이상한 일이 벌어졌다.

당시에는 너무 어려 반항도 할 수도 없었고, 그러는 것이 잘못인지도 모를 정도로 어렸었다. 또 '형한테 대드는 것은 아버지께 대는 것이다.'라고 교육을 받았다.

나는 형보다 덩치도 크고 공부도 잘했지만 한 번도 인정받지 못했다. 그래서인지 몰라도 형은 열등감에 나를 더욱 때리며 괴롭혔다.

하지만 이제 생각해 보니, 어머니는 어렵게 낳은 큰아들을 애지중지할 만한 충분한 이유가 있었다. 어머니는 한약방을 하시는 외할아버지의 내연녀의 자식으로 평생 숨겨져서 키워졌다.

어머니의 오라버니가 계셨지만, 외삼촌은 어머니가 어릴 적에 돈벌이를 위하여 타국으로 떠나고, 연락이 끊겨 평생을 혼자서 외롭게 사셨다고 한다. 이제야 어머니의 삶을 이해하게 되었다.

어머니는 자라온 환경 탓과 결혼 후 자식을 잃은 스트레스를 형의 집착으로 보상받으려고 하였을 것이다.

부모님의 사랑을 독차지하며 부러울 것 없이 호강하는

형이 제일 부러웠다. 형은 집안의 궂은일을 하지 않아도 되었다.

부모님 잔심부름은 내가 도맡아 하고, 마당을 쓸고 방과 마룻바닥을 쓸고 닦고 하는 것도 내 몫이었다. 학교에 다녀와서 산으로 땔감을 구하여 오는 일이며, 여물을 끓이고 황소를 돌보는 일도 내가 하였다.

이런 일을 하지 않아도 되는 형이 제일 부러웠다.

형은 이기적인 사람으로 변하여 갔다. 폭력적으로 행동하고 모든 것을 자기 마음대로 하였다. 집에서는 동생을 때리고 괴롭히고, 밖에서도 다른 사람들과 자주 싸워서 부모님을 애타게 하였다.

늦게 얻은 자식이라 금지옥엽(金枝玉葉) 하며 키운 게 화근이었다. 사고를 치면 부모님은 수습하였지만, 한반도 형을 야단치지 않았다. 당연히 시켜야 할 가정교육을 하는 것을 보지 못했다.

어머니의 집착으로 빚어진 형에 대한 사랑이, 형을 병들게 한 것이다. 어머니의 집착으로 제일 큰 피해를 본 것은 바로 형이었다. 제대로 가정교육을 받지 못하고 귀여움만 받고 자란 결과는 끔찍했다.

  형이 가련하고 불쌍하다고 생각한 것은 깨달음이 있고 나서다. 죽이고 싶을 정도로 밉던 형이 애잔하게 보인 것이다. 어머니의 어릴 적 삶과 결혼 후 스트레스가 그렇게 형에게 애착하여 벌어진 일이라는 것을 이해하게 되었다.

  집사람은 태어나서 감히 상상조차 할 수 없는 엄청난 트라우마(trauma)가 있었다는 사실을 알았다. 그 트라우마로 인하여, 그릇된 남성편력(男性遍歷)이 있었고, 그로 인하여 우리의 결혼 생활은 순탄하지 못했다.

  나의 어릴 적 트라우마와 집사람의 트라우마는 자주 상충하여 싸움의 원인이 되었다. 집사람은 나를 사랑하지 않은 것이 아니라, 업식으로 인하여 그렇게 행동할 수밖에 없었다는 사실을 깨달았다.

  그 업식은 본인 의사와 관계없이 무의식적으로 행동하는 경우였다는 사실도 알았다. 그렇게 밉던 집사람이 이제는 이해가 되었다. 다만, 나도 나의 업식에 가려 상대를 이해하지 못한 것이 문제였다는 사실도 인정하려 한다.

  사람은 누구나 크고 작은 트라우마를 안고 살아간다.

그 트라우마는 업식이 되어 한 사람의 인격을 만들고, 그렇게 만들어진 인격을 가지고 세상 속에서 서로 부딪히며 살아가고 있다.

서로 상처 주고, 상처 입는 것은, 나름대로 업식이 있기 때문이라는 사실을 알았다. 업식을 걷어내고 상대를 있는 그대로 '내면의 참모습'을 볼 수 있다면, 이제는 불행한 일은 벌어지지 않을 것이다.

나는 이제부터는 상처를 주고받는 일 없이, 마음껏 자유를 누리며 살아갈 것이라고 확신한다.

5부

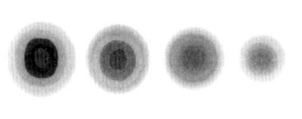

이제 대 자유인이 되었다

이제 무엇에도 걸림이 없는, 자유로운 삶을 '무애(無碍)의 삶'을 살 수 있어 좋다.

때로는 '시류(時流)와 타협하지 않는 옹골진 모습으로', 때론 '이웃의 아픔을 달래주는 정겨움으로', 지면을 채워 나갈 것이다. 세상살이에 지쳐 힘들면 펜(PEN)과 함께 웃고 울고 하면서 세상과 더불어 살아가고 싶다.

비록 졸필이나마 풍류(風流)를 즐기는 멋있는 글쟁이로 기억되기를 바랄 뿐이다.

수필 '막사발의 철학'
2022년 매일신춘문예 당선 소감

　　　　　　이제 '매일 신춘문예' 당선자로 불리게 되었다. 대단한 영광이다. 호칭에 걸맞은 작가가 되기 위한 부단한 노력은 당연하다. 하심(下心)의 마음으로 다시 시작하겠다.

　그릇 본연의 기능은 채우는 데 있다. 가득 찬 그릇은 용도를 다한 것이다. 다시 비워야만 비로소 담을 수 있다. 번뇌 망상으로 가득 찬 뇌 속도 비워야 한다.

비우고 비운 자리에 새로운 희망으로 채워 살아가겠다.
그래서 다시 채운 희망, 지면(紙面) 위에서 살아서 꿈틀대는 수필을 쓰겠다.

서럽던 지난날의 기억들은 모두 비워 버리고 희망으로 가득 채우련다. 그리하여 무녀(巫女)의 예리한 춤사위처럼, 희망이 지면 위를 자유롭게 노닐게 할 것이다.
그렇게 신명 난 이야기 마당을 한껏 즐기는 멋진 글쟁이가 되고 싶다.

때로는 '시류(時流)와 타협하지 않는 옹골진 모습으로', 때론 '이웃의 아픔을 달래주는 정겨움으로', 지면을 채워 나갈 것이다.
세상살이에 지쳐 힘들면 펜(PEN)과 함께 웃고 울고 하면서 세상과 더불어 살아가고 싶다.
비록 졸필이나마 풍류(風流)를 즐기는 멋있는 글쟁이로 기억되기를 바랄 뿐이다.

온 세상이 괴질로 인하여 인심이 흉흉하다. 지쳐있을

때 걸려온 매일신문사의 전화는 힘을 내어 다시 살아가자고 다짐하는 확실한 이유가 되었다.

  졸작을 뽑아 주신 관계자 여러분께 깊은 감사의 변(辯)을 전한다.

계화도 사람들

계화도 사람이 죽었다. 고향을 떠난 지 10년 만의 일이다. 고인은 물막이 공사가 시작될 때 고향을 떠났었다. 계화도에서 같이 지내던 이웃들이 상갓집에 몰려들었다.

이들은 그 섬에서 어업에 종사하면서 살다가 전국에 흩어져 사는 이웃들이다.

예전의 이장이었던 태수가 붉어진 눈을 껌벅이며 한마디 한다.

"아, 송충이는 솔잎을 먹어야 하는겨, 갈잎을 먹으면 쓰간디, 그랑께 간거지."

고인의 친구 호영이가 말을 받는다.

"그라게 말여, 우덜중에 젤루 건강하던 정근이가 이렇게 쉽게 갈 줄을 누가 알았능가?"

바다를 떠난 사람들이 제명대로 살지 못하고, 한창나이에 쓰러지는 모습을 보며 탄식하며 하는 말이다.

고인은 섬에서 김을 양식하며 살았었다. 새만금강 사업이 시작될 즈음에 고향을 떠나 도시에서 건어물 도매상을 차렸다.

송충이가 갈잎을 먹은 것이다. 갈잎 탓인지 얼마 지나지 않아서 암 투병이 시작되었다. 투병 중에도 전에 방조제 쪽을 바라보며 예전의 섬을 보고 싶다고 하셨다.

계화도 사람들은 당시 섬의 모습이 눈앞에 보이는 듯 대화는 계속된다.

"이맘때면 생합이며 각종 해산물이 널려 있었는데 지금은 볼 수가 없어졌당께."

"울 엄니는 홀몸으로 뻘질을 해서 6남매를 키웠당께로……."

"바지락, 생합, 맛조개 등 뻘에서 나는 해산물을 구하러 전국 장사꾼들이 파시(波市)를 이루었자녀. 장관이었지."

"김이며 톳 파래는 또 어떻고? 뻘이 우덜을 먹여 살렸는디 강제로 물길을 막아 버렸으니 벌을 받는 것이지, 암만……."

바다를 떠난 섬사람들의 넋두리는 새벽녘까지 이어질 거 같다.

갯벌은 그들에게 논과 밭이었고, 경제적 활동을 위한 삶의 터전이었다.

갯지렁이가 끊임없이 갯벌을 헤집어 사방에 구멍을 내서 산소를 공급하면, 풍부한 유기물과 무기질은 갑각류, 어패류들과 같은 바다생물을 키운다.

'한국의 갯벌'은 학계에서도 각종 생물의 보존 가치를 인정하고 있다.

2021년 7월 26일 제44차 세계유산위원회에서는 '한국의 갯벌'을 세계유산 목록에 등재하기로 하

였다. 한국의 서해안과 남해안에 있는 서천, 고창, 신안, 보성·순천 갯벌은 지질학적, 해양학적, 기후학적으로 보존해야 할 가치가 크다.

이곳에는 세계적으로 멸종 위기에 처한 22종을 포함해 2,150종의 동, 식물 등 높은 생물 다양성을 보유하고 있다. 또한, 118종의 철새도 서식한다. '한국의 갯벌은 지구 생물 보존을 위해 중요한 서식지 중 하나이며, 특히 멸종 위기 철새의 기착지로서 '탁월한 보편적 가치(Outstanding Universal Value, OUV)'가 인정된다.'라며 자연유산으로 등재하기로 한 것이다.

[출처] 대한민국 정책브리핑(www.korea.kr)

바다는 스스로 생존한다. 세상의 모든 물을 받아들여 스스로 정화하고 수많은 해양생물을 길러낸다. 작열하는 태양은 기압 차이를 만들어 태풍을 일으킨다.

태풍은 더럽혀진 바닷속을 깊은 곳까지 뒤집어 깨끗하게 정화하여, 바다로 흘러든 각종 오염물질을 깨끗이 정화하여 자연에 돌려준다.

바다는 우리의 도움이 원하지 않는다. 다만, 바다를 지켜보기만 하면 된다. 우리가 오염시키지 않으면 바다는 스스로 자정(自淨)하여 생존한다.

그렇게 하면 바다는 우리에게 다양한 먹거리를 아낌없이 제공한다.

해양생물은 DHA, EPA가 풍부하다. 각종 성인병을 예방하고 피를 맑게 하는 영양가가 풍부한 최고의 식품이다. 잘못된 식습관으로 생긴 성인 질환을 치료하기도 한다.

바다는 인류의 생명줄이며 우리들의 미래이다. 바다를 아끼고 사랑하지 않으면, 우리의 미래는 없다.

우리나라는 반도 국가이다. 대륙으로 향하는 길은 적성국으로 모두 막혀 있다. 우리가 오대양 육대주로 가는 길은 오직 바닷길뿐이다.

바닷길이 막히는 일이 없도록 해군력을 키워, 오대양 육대주로 이어지게 하여야 한다. 무분별한 개발로 갯벌이 사라지는 일은 다시는 일어나지 말아야 할 것은 물론이다.

쓰레기 투기를 막고 해양 사고를 줄여서 오염도 막는 것도 우리가 시급히 할 일이다.

모든 물은 낮은 곳으로 흐른다. 바다는 모든 강줄기를 조건 없이 받아들여 오염된 물을 정화해서 다시 지구 곳곳에 물을 뿌려준다.

바다에서는 강렬한 햇빛이 하루에도 수백만 톤의 수증기를 증발시켜 구름을 만들고, 바람은 구름을 지구 곳곳으로 보내어 비를 내리게 한다. 비를 맞고 자란 나무들은 산소를 발생하여 지구를 숨 쉬게 한다.

또한, 바다는 수많은 해양생물을 길러서 우리의 식탁을 풍성하게 한다. 바다는 우리도 모르는 사이에 그렇게 인류를 위한, 대서사시(大敍事詩)를 쓰고 있었다.

우리는 바다를 먹고 산다. 바다는 깨끗한 환경을 만들어 준다. 이런 진실은 우리가 바다를 지켜야 할 확실한 이유이다.

내 절반은 바다가 키웠다. 내일은 계화도에 가고 싶다.

홀로 걷는 여행

여행 전야는 언제나 설렌다. 나는 그 긴장감을 즐긴다. 계획하고 준비물을 챙겨 가방을 꾸릴 때부터 여행은 이미 시작되는 셈이다.

일상이 지겨울 즈음에는 배낭 하나 달랑 메고 근교 여행을 즐겨 다닌다.

나는 혼자만의 여행을 즐긴다. 일정이 맞는 동행자를 찾기도 쉽지 않지만, 서로의 생각 차이로 오는 갈등을 피하고 자유로움을 즐기기 위함이다.

걸으면서 내면에 집중하다 보면 '순수한 자아'와 마주할 수 있어 좋다.

순수한 자아란 번뇌와 잡념이 사라지고 오로지 걷기에 집중하고 있는 자아를 말한다. 자연과 걷고 있는 내가 하나가 되어가는 것을 느낄 즈음에는 그동안 풀리지 않던 어려운 문제가 슬며시 생각 속에 떠오른다.

그때부터는 문제와 집중하며 함께 여행을 즐긴다. 한참을 집중하며 걷다 보면 문제가 의외로 쉽게 풀린다. 언제부터인가 여행 중에서 만나는 자아와 많은 대화를 즐긴다.

그러다 자아를 모두 내려놓고 순수의식 속에서 직관력으로만 세상을 느낄 때가 가장 행복하다.

여행은 계획 단계부터 나는 설렌다. 준비하면서 여행지를 상상하며 계획을 세우는 짜릿한 사전여행을 즐긴다.

낚시광이기도 한 나는 출조하기에 앞서 알맞은 바닷물때를 알아보고 그 계절에 많이 잡히는 대상 어종을 살피고 어종에 맞게 장비를 손질하여 채비한다. 어종의 크기를 상상하며 낚싯대의 휨새를 가늠하기도 하고 짜릿한 손맛을 느끼며 상상 낚시를 즐긴다.

낚시는 계획하고 준비하는 과정 모두가 포함된다. 성과와 상관없이 낚시 그 자체를 즐기면 그만이다.

여행할 때는 사람 내음을 맡을 수 있는 정감 가는 골목이나 시장을 둘러보는 것도 선호한다. 떠나기 전에 숙소는 예약하지 않는다.

잘 곳을 미리 정하고 일정에 맞추어서 다니면 여행의 맛도 여유도 느낄 수 없다. 여행하다 보면 정감이 느껴지며 묵고 싶은 장소가 있다. 바로 그곳에 숙소를 잡으면 된다.

준비물을 챙기면서 여행지의 기온 날씨 등등을 살피고, 옷이며 신발을 챙기고 여행지에서 읽을거리도 챙긴다. 요즈음은 가장 신경 쓰면서 챙기는 게 소형 카메라이다.

크고 무거운 DSLR 카메라의 무게에 눌려 고생을 한 적이 있기 때문이다.

여행지를 사진 촬영에 기준을 두고 선정하는 편이다. 그래서 유명 관광지보다는 뒷골목이나 시장을 더 선호

한다.

여행지의 특성을 고려하여 그곳만의 특징을 담으려고 신경을 쓴다. 눈으로만 보고 오는 것보다 내가 본 것을 사진에 담아 오면 두고두고 추억할 수 있어서 좋다.

여행을 가고 싶은데 시간이 없을 때는 카메라 하나 달랑 메고 지하철을 이용하여 서울에 간다. 서울은 세계적으로 유명한 복합도시이다.

고궁과 현대적인 건축물이 다양한 볼거리를 제공한다. 유서 깊은 역사적 유물이 곳곳에 있기도 하고 도심 속에 아름다운 숲도 있다. 북한산을 돌아 내려오는 북악스카이웨이 길은 내가 가장 좋아하는 길이다.

서울은 곳곳에서 조선 시대의 모습을 다양하게 느낄 수 있어 지루할 틈이 없다. 그중 창덕궁 안에 있는 후원(비원)은 단연 압도적이다.

약 30여 년을 일반인의 출입을 통제하다가 몇 년 전에 개방하였는데, 조선 시대 궁궐 정원의 백미를 느낄 수 있다.

예전의 학교 친구들과 자주 만나던 추억을 떠올릴 수

있는 종로 거리도 다양한 볼거리를 제공한다. 풍문여고 뒷길은 작은 공방과 멋진 카페가 즐비하여 이국적인 모습이 이채롭다.

 가끔 음악가들의 거리 공연에 매료되어 한참을 구경한다. 격주로 토요일마다 벌어지는 덕수궁 돌담길의 장터에는 정겨움이 가득하다.

 누군가 놓아둔 피아노를 누구나 쳐보기도 하고 바이올린을 메고 가던 학생이 즉석 공연을 벌이기도 한다. 색소폰을 부는 외국 사람도 보인다.

 인생길은 고독한 여행길이다. 기력이 쇠약하여 여행이 힘들어질 때 지난 여행을 추억하며 지내고 싶다.

 훗날 먼길 떠날 때 후회하지 않게 멋진 삶을 살다가 미련 없이 가고 싶다.

 아무한테도 방해받지 않고 홀로 하는 여행이 좋다.

불교 철학은 과학이다

　　　　　불교 철학은 현대 과학으로 정확하게 '진리'로 증명된다. 그것도 최첨단 과학인 양자물리학과 정확히 일치한다. 철학은 과학으로 증명되지 못하면 미신일 뿐이다.

2,500여 년 전의 불교철학과 현대 과학의 원리는 묘(妙)하게도 상호 연관 지어져 있다. 이는 과학자들이 지금도 활발히 연구하고 있으며, 이와 관련한 많은 진실을 세상에 여러 번 밝힌 바 있다.

양자물리학은 눈에 보이지 않는 소립자(원자)를 연구

하는 학문이다. 우주 만물의 최소 구성단위를 '원자'라고 한다. 원자는 '원자핵'의 주위를 '전자'가 돌고 있는 형상이다.

우주의 태양계 모형과 닮았다. 돌고 있는 전자의 움직임은 규칙적이지 않다.

원자핵과 전자의 중간은 모두 비어(空) 있다. 전자의 궤도는 미리 정해진 것이 아니고, 궤도는 조건에 따라 수시로 변한다는 것이다. 이 학설은 '양자 도약'으로 유명하다.

불교의 무유정법(無有定法)하고 닮았다.

좀 더 구체적인 이야기로 넘어가 보자.

"소립자(원자)는 관찰자가 관찰하면 '입자'로 존재하고, 관찰하지 않으면 '파장'으로 존재한다."

빛도 입자와 파장으로 동시에 존재하는 소립자로 구성되어 있다. 이런 사실은 현대 과학자들이 양자역학에서 언급되는 물질과 파동의 이중성(wave-particle duality)에 대해 '이중 슬릿 실험'으로 밝혀진 바 있다.

이중 슬릿 실험은 영국의 과학자인 토머스 영(Thomas Young)이 광자 (빛을 이루는 단위 입자)를 가지고 처음으로 수행했다.

여기서 간섭무늬가 발견되었고, 이는 빛이 파동이라는 것을 뒷받침하는 실험적 근거가 되었다. 이후 클린턴 데이비슨(Clinton Davisson)과 레스터 저머(Lester Germer)가 전자를 가지고 한 실험에서도 간섭무늬가 나타나면서, 파동-입자 이중성을 정립하는 계기가 되었다.

우주는 미립자인 소립자(원자)로 가득 채워져 있다. 또한, 우주에는 에너지가 진동하는 끈으로 서로 연결되어 있다고 하는 학설도 있다.

소립자는 끈을 통하여 세상과 소통을 하다가 비슷한 주파수(에너지)를 가진 소립자가 서로 모여서 새로운 물질이 만들어 내는 것이다.

소립자는 모였다가 흩어지는 것을 반복한다. 모든 생명이 태어나고 죽는 이유이기도 하다. 이렇듯 세상은 끊임없이 변하고 있다.

불교의 '윤회 사상(輪廻 思想)'하고 유사하지 않은가?

물(H_2O)은 수소 2개와 산소 1개 구성되어 있다. 원소

기호의 주기율표는 그동안 발견된 원소만 나열된 것이다. 우주에는 아직 발견되지 않은 원소가 수없이 존재한다고 주장하는 학자들도 있다.

이 원소들이 조건과 환경에 따라서 서로 결합하면서 새로운 물질을 만들어 낸다. 세상은 홀로 독립적으로 존재하는 물질은 없다. 서로 연기(緣起)되어 존재할 뿐이다. 이것이 불교의 '12 연기론(緣起論)'이다.

불교의 핵심은 공사상(空思想)이다. 또한 우주는 불교의 공 사상처럼 텅 비어있지만, 소립자로 가득 차 있다. 소립자끼리 서로 작용(결합)하여 사물을 만든다.

독립된 실체는 어디에도 있을 수 없다. 인간 세상도 생로병사(生老病死)로 변화가 일어나는 것이다. 변하지 않은 우주는 존재할 수 없다.

세상의 삼라만상(森羅萬象)도 불교의 철학처럼 끊임없이 변하고 있다. 변하지 않고는 지구는 단 하루도 버틸 수가 없다.

물이 수증기로 변하고 수증기는 구름이 되고 구름은 비가 되어 온 대지에 비를 뿌려준다. 변하기 때문에 지구가 유지된다.

낮과 밤은 주기적으로 변하며, 계절도 변하지 않으면 지구는 존재할 수가 없다.

변할 것이냐 마느냐는 이제 선택이 아니고 필수이다.

우주는 끊임없이 변하고 있다. 또한, 우주는 무한 팽창하고 있다.

시대에 맞게 상황에 맞게 변하는 종(種)만이 살아남는 것이다.

상선약수(上善若水)

노자는 '물처럼 사는 것이 가장 잘 사는 삶이다,' 라고 하였다. 노자 철학의 핵심이 무위자연(無爲自然)이다. 생각 없이 살지 말고 물(자연)처럼 살아가라 하였다. 즉 무위자연이란, 물처럼 사는 것이라고 말한 것이다.

노자는 그의 저서 도덕경에서 상선약수(上善若水)를 노래한다. 물은 막히면 돌아서 흐르고, 깊으면 채워서 흐른다.

물은 만물을 이롭게 할 뿐 다투지 않는다(水善利萬物

而不爭). 물은 스스로 모두가 싫어하는 곳에 처한다(處衆人之所惡). 그러기에 물의 성품은 도(道)와 같다고 말할 수 있다(故幾於道).

물은 언제나 낮은 곳으로 흐른다. 거슬러 오르는 법이 없다(居善地). 물은 깊은 연못처럼 고요하고(心善淵), 어질고 선한 사람과 같다(與善仁). 조용하고 도도히 흐를 뿐 말이 선하고 믿음직하다(言善信). 또한, 물은 이치를 바르게 다스릴 줄 안다(正善治). 물은 능히 옳은 일을 할 줄 알고(事善能), 스스로 얼 때를 알고, 녹아 흐를 때를 알고 있다(動善時).

물은 세상 만물에 생기를 주고 성장하게 하는 자양분이다. 본연의 성질대로 위에서 아래로 흐르고 기꺼이 낮은 곳에 머문다.

물은 늘 변화에 능동적인 유연성으로 적응을 잘한다. 둥근 그릇, 네모난 그릇을 가리지 않고 스스로 담긴다. 도가에서는 상선약수처럼 사는 것이, 무위자연을 실천하는 것이라 했다.

무위자연은 도가사상(道家思想)의 가장 이상적인 선(善)의 표본이라고 한다.

상선약수는 이 같은 물의 성질처럼 다른 사람을 이롭게 한다. 만물이 자라게 아낌이 도와주고, 비겁하지 않고 어떠한 상황에도 능동적으로 대처하는 삶의 자세를 가리키는 의미로 쓰인다.

지천의 물은 언제나 낮은 곳으로 흐르고 흘러 대양(大洋)을 이룬다. 바다는 깨끗하거나 더러운 물을 가리지 않고 모두 받아들인다. 엄청난 포용력을 보여 준다. 바다는 스스로 태풍을 일으켜 파도를 만들어 바다를 밑바닥까지 뒤집어 정화한다.

그렇게 바닷속에 산소와 미네랄을 공급하여 생명력이 충만한 물로 거듭나게 한다. 태양은 작열하는 태양열로 물을 기화시켜 구름을 만든다.

바람은 구름을 지구 곳곳으로 운반하여 비를 내리게 한다. 빗물은 높은 곳 낮은 곳, 더러운 곳을 가리지 않고 어느 곳에나 뿌려 준다.

그렇게 차별 없이 만물에 생기를 불어넣어 주는 것이다. 이렇게 자연은 스스로 생존하는 법을 알고 있다. 노자는 자연의 이치를 보고 인생을 배우라고 하였다.

이것이 자연의 섭리다.

철학의 아버지 '탈레스'(Thales)는 '만물의 근원은 물(水)이다.'라고 하였다. '세상의 모든 만물은 신으로 가득 차 있다.'라고도 하였고, 또한, '모든 것의 근원이 물이며, 땅은 물 위에 떠 있다.'라고도 하였다.

즉 탈레스는 만물의 근원에 대하여 질문을 던졌다. 그 질문은 '만물을 구성하는 근본적인 원인 물질', 즉 '아르케(arche)가 무엇일까.'라는 것이었다.

단지 탈레스는 그것을 물이라고 말했다. 그전까지 많은 철학자는 자연 현상의 원인을 신의 의지나 변덕 같은 초자연적인 것에서 찾으려고 하였다.

하지만 탈레스는 신에서 벗어나 그 원인을 자연 안에서 찾으려고 했고, 여기에 자신이 생각하는 근거를 제시함으로써, 인간의 사유로 그것을 이해하고자 한 첫 번째 사람이 되었다.

과학이 발전하지 못한 당시의 사람들은 만물의 근원이 무엇인지 궁금하였다. 만물의 근원을 알아내려 끝없이 질문하였고, 그 답으로 '물'이라고 대답한 것이다.

당시에는 대단한 통찰력이었을 것이다. 하지만 현대 과학에서는 만물의 근원은 양자물리학에서 밝힌 '소립자(원자)'라고 하는 것이 맞는 답일 것이다.

우리는 물을 마음대로 '물 쓰듯' 하듯 한다고 말한다. 2019년 유엔은 「세계 물 개발 보고서」를 공개했다. 보고서는 실린 '국가별 물 스트레스 수준'을 보여준다.

한국은 최악인 '물 기근 국가(북아프리카·서남아시아 등지의 사막 국가가 대부분)'는 면했지만, 물 스트레스 지수가 25~70%인 '물(水) 스트레스 국(國)가'로 분류되었다.

최근 기후 위기로 물 환경은 빠르게 악화 중이다.

한 방울의 물도 아껴 써야 한다. 세제를 아껴 쓰고 쓰레기를 함부로 버려 서도 안된다. 바다는 장마철만 되면 모여드는 쓰레기로 몸살을 앓고 있다.

그로 인하여 근해에는 어자원도 고갈되고 있다.

깊은 계곡에서 발원한 물이 깨끗이 바다로 흐를 수 있도록 환경도 개선해야 한다.

우화(羽化)
2021년 에세이스트 신인상 수상작

    한여름의 하루가 길게 늘어져 있다. 작열하던 태양도 열기를 식혀갈 즈음 한 가닥의 빛줄기가 수면 위를 애무하듯 스쳐 지나간다.
    물결은 앙탈을 부리듯 이내 빛을 반사한다. 수많은 왕잠자리가 군무를 이루어 낮은 비행을 즐길 때면 낙조가 하늘을 물들인다.
    강가에서는 마른 가지에 수많은 왕잠자리의 유충이 기어 올라온다. 다리로 가지를 단단히 붙잡고는 온몸을 힘껏 흔드는가 싶더니 머리가 유충 속에서 탈피한다.
 이내 꼬리를 빼내고 연약한 날개를 뻗어 햇볕에 말리고는 하늘을 향해 높이 날아간다. 왕잠자리의 우화(羽化)이다. 그 모습이 내 인생하고 닮았다.

 나의 우화는 사춘기 때 시작되었다. 그 시절 나는 특별한 목적 없이 보편적인 성공 의식을 가지고 본능이 시키는 대로 살았다. 성공이 무엇인지도 모르고 무작정 '보다 빠르게, 더 높게, 더 강하게'를 외치며 높이 날아올라야 한다는 강박관념에 사로잡혀 살아왔다.
 첫 비행은 여물지 못한 날갯짓으로 보기 좋게 강변에 내동댕이쳐졌다. 자존심을 잃고 방황했다. 정신 차리고 다시 날려고 준비했다. 젖은 날개를 말리고 알맞게 여물기를 기다려 날아올랐다.
 드디어 자유를 누리며 멋진 비행에 성공하였다. 높이 날기도 하고 저공비행으로 수면 위를 스쳐 지나며 우쭐대기도 했다. 그러나 제대로 익히지 못한 비행 실력으로는 오래 날지 못하는 법이다. 이내 곤두박질치며 또 땅으로 떨어졌다.

이어 다시 날아오르다가 추락하기를 반복하며 이순(耳順)의 나이를 맞았다.

어설픈 비행 실력으로 세상을 날아오른다는 건 모험 그 이상이었다. 추락의 쓴맛을 보고 나서 나는 부러진 날개를 어루만지며 비행계획을 수정하였다.

새로운 비행계획은 높이 나는 것도 아니요. 기교가 들어간 비행기술도 아니다. 그저 내 날개 근육의 정도를 파악하고 나에게 맞는 거리를 날 수 있도록 수정한 것이다.

결과는 성공이었다. 성공의 기준을 나 자신에 맞추었기 때문이다.

나 자신의 주제를 파악하고 나에게 맞게 계획을 변경하였기 때문에 성공할 수 있었다.

부모님은 이공계열에 진학하여 훌륭한 기술자가 되어서 빨리 돈을 벌기를 원하셨다. 내 적성과 재능을 전혀 고려하지 않고, 오직 시대적 유행에 맞추어 내 진로는 선택되었다.

이공계열의 수업은 아무런 흥미를 느끼지 못하였다.

졸업 후 전공과는 무관한 적성에 맞지 않은 일을 하면서 살아야 했다.

예술대학에 진학하여 미술을 전공하고 싶었던 나는 꿈을 이루지 못하고 살다가 늦은 나이에 사진 공부를 하였다. 못다 이룬 꿈인 회화를 사진으로 대신하여 아쉬움을 달래며 살고 있다.

불혹의 나이가 끝나갈 즈음부터 시작한 인문학 공부는 내 인생의 오아시스였다.

틈틈이 내가 하고 싶었던 인생철학을 익히며 인생을 새롭게 시작하였다. 하고 싶은 일을 하면서 평범하게 살아가는 것이 작은 성공이라는 사실을 늦은 나에게 알게 되었다.

성공이 무엇인지 무엇을 위하여 성공하여야 하는지도 나는 몰랐다. 다만 무작정 성공하겠다는 의욕만 가지고 잠자리의 유충처럼 차가운 물 속이나 어두운 고치 속에서 탈피를 위해 몸부림쳐야만 하였다.

목적한 바를 이루지 못하고 좌절감에 고개 숙여 떨기도 하였다. 부모님과 처자식을 부양하기 위해 무모하게 불나방처럼 불속으로 돌진하여야만 하였다.

그 몸짓은 미친 무녀의 칼춤처럼 어설펐지만 나는 춤사위를 멈출 수가 없었다. 실패자를 향해 쏟아질 비난과 서릿발 같은 눈초리를 감내하기 힘들었기 때문이다.

성공의 척도가 이룬 부의 양이나, 지위가 높고 낮음으로 가늠되어서는 안 된다. 성공이란 주어진 환경에서 좋아하는 일을 하며 욕심내지 않고 만족한 삶이 성공한 삶이 아닌가 생각하여 본다.

다른 사람을 의식하지 않고 오직 나만의 길을 걸어가는 사람이 행복하다 할 수 있겠다. 수많은 시행착오를 겪은 후 늦은 나이에 진정한 성공의 가치를 알게 되었다.

사람들은 높이 오르려고만 한다. 한번 높이를 더해 한계까지 오른 사람은 도대체 내려올 줄을 모른다. 한번 높이 올랐으면 적당할 때를 기다려 내려올 줄도 알아야 한다.

높은 곳은 오래 머물기에 적당한 조건이 아니다. 높은 곳에서 안주하려고 하면은 자연조건은 그것을 좀처럼 허락하지 않는다.

내려오는 시기를 놓치고 높은 곳에서 절명하는 정치인이며 재벌들을 무수히 보아왔다. 그들은 높은 곳에서 자아도취에 빠져 좀처럼 내려올 줄을 모른다.

등산의 완성은 하산에 있다. 정상에 오른 후에 하산하지 못하면 실종사고이다. 적당할 때를 골라 안전한 곳으로 내려와서 지친 영혼을 달래고 노후를 즐기며 후세 사람들에게 본보기로 남는 법을 모른다.

오로지 성공을 위한 방법만을 공부하였기에, 성공 후에 인생을 어떻게 살아야 하는지를 배워본 적이 없기 때문이다.

성공지상주의만 알고 살아온 나는 진정한 성공과는 거리가 먼 인생을 살아왔다. 본인의 의지대로 살지 못하고 남들에게 보이고자 하는 성공을 위한 삶을 살아왔기 때문이다.

나름대로 열심히 살려고 노력했지만 지금 와서 돌이켜보면 만족하지 못한 삶을 살아온 것을 후회한다.

노자는 상선약수(上善若水)를 노래한다. 물은 막히면 돌아서 흐르고, 깊으면 채워서 흐른다. 물은 스스로 얼

때를 알고, 스스로 녹아 흐를 때를 알고 있다.

물은 만물을 이롭게 할 뿐 다투지 아니한다. 노자의 상선약수처럼 무위자연(無爲自然) 하는 생이 진정으로 성공한 삶이 아닌가 하고 뒤늦게나마 후회한다.

왕잠자리는 몸 안의 체액을 모두 뱉어낸 후에 비로소 날아오른다. 높이 날기 위해서는 우선 비워야 한다는 사실을 늦은 나이에 알게 되었다.

높이 올랐다가 때가 되면 내려올 줄을 아는 생이 아름답다.

여생은 다투지 않는 흘러가는 물처럼 살아 보리라고 다짐한다.

너의 운명을 사랑하라
아모르파티/amor fati

프랑스의 대문호 알베르 카뮈(Albert Camus)는 '너는 왜 자살하지 않는가?'라고 일침을 가하였다. 자살하지 않는 이유를 밝히라고 말한 것이다.

다시 역설적으로 말해서 살아가는 목표를 세우고 살아가라는 뜻이다.

이 글을 처음 읽었을 때 내 가슴은 불화살을 맞은 듯 화끈거렸고, 심장은 심하게 요동치기 시작했다. 그동안 목표 의식 없이 하루하루를 허비하며 생각 없이 살던 지난날을 자책하며 후회도 하였다.

요즈음 유행하는 말로 '심장아 나대지 마'라며 애써 진정하고 깊은 생각을 해보았다. 한때 꾸었던 꿈이 진정으로 내가 원하고 바라는 목표이었는가를……

과연 내가 하고 싶었고, 또 원하는 것을 위하여 노력하였는가를 묻고 또 물었다.

나의 꿈은 수시로 변하였다. 완고한 부모님이 정하여 주는 대로 내 꿈은 수시로 변했다. 꿈을 꾸며 주도적(主導的)으로 사는 것은 무리였다.

오직 부모의 뜻대로 살아야 착한 아이고 효자라는 소리를 들었다.

나도 한때 꿈이 있었다. 하지만 내 꿈은 부모님의 뜻대로 여러 번 수정되어야 했다. 어릴 적에는 비행사가 되어 하늘 높이 날아 보는 것이었고, 중학교 때는 과학자가 되는 것이 꿈이었다. 화가가 꿈일 때도 있었고, 글을 쓰는 시인이 꿈인 적도 있었다.

내 적성과 재능을 전혀 고려하지 않은, 부모님의 뜻대

로 오직 시대적 흐름에 따라 내 진로는 선택되었다. 부모님의 원대로 이공계열에 진학하였지만, 나는 아무런 흥미를 느끼지 못하였다.

결국, 졸업 후 전공과는 무관한 일을 하면서 살아야 했다.

불혹의 나이가 끝나갈 즈음부터 시작한 인문학 공부는 내 인생의 오아시스였다. 틈틈이 내가 하고 싶었던 인생 철학의 휴머니즘을 익히며 인생을 새롭게 시작하였다.

하고 싶은 일을 하면서 평범하게 살아가는 것이 작은 성공이라는 사실을 늦은 나이에 알게 되었다.

화려한 성공보다 내가 하고 싶은 것을 하며, 지금처럼 글을 쓰며 사는 것이 소소한 행복이자 성공이라는 것을 몰랐다.

성공이 무엇인지, 무엇을 위하여 성공하여야 하는지도 나는 몰랐다. 다만 무작정 성공하겠다는 의욕만 가지고 무모하게 도전하고 실패하기를 반복하였다.

목적한 바를 이루지 못하고 좌절감에 고개를 떨구기도 하였다. 부모님과 처자식을 부양하기 위해 무모하게 불나방처럼 불속으로 돌진하여야만 했다.

그 몸짓은 서툰 무녀의 칼춤처럼 어설펐지만 나는 춤사위를 멈출 수가 없었다. 실패자를 향해 쏟아질 비난과 서릿발 같은 눈초리를 감내하기 힘들었기 때문이다.

독일의 철학자 '프리드리히 니체'는 그의 저서 '차라투스트라는 이렇게 말했다.'에서 젊은이들에게 위험하게 살라고 직설하였다. 스스로 초인(超人/위버멘쉬 : Übermensch)이 되어 도전하는 삶을 살라고 하였다.

자신에게 끊임없이 질문을 던지고 초월적인 무엇을 찾아 도전하라고 하였다. 즉 안주하는 삶을 살지 말고 끊임없이 도전하라고 하였다.

그러다 실패하면, 스스로 질문을 하고 궤도를 수정하여야 한다고 하였다.

낙타처럼 짐의 무게에 짓눌린 운명에 순응(아모르파티/amor fate)하여 살다가도, 이건 아니다 싶으면, 사자처럼 용감하게 기존의 목표나 가치를 망치로 부숴 버리고 다시 도전하라고 하였다.

때로는 스스로 낮은 곳으로 내려와서 어린애의 순수성

을 가지고 다시 시작하라고 가르쳤다.

  나는 꿈을 이루기 위하여, 초인(超人)처럼 기존의 가치를 넘어 자신의 가치를 창조하며 살지 못한 것을 후회한다.

  위험과 고난을 기꺼이 받아들이고, 스스로 이를 극복하기 위하여 노력하지 못한 것을 반성한다.

  이제부터라도 스스로 초인(超人)이 되어 기존의 가치를 깨부수고, 니체의 말처럼 새롭게 도전하는 삶을 살아야 하겠다.

  주도적(主導的)인 삶을 위하여…….

에필로그

마치며······.

 나는 종교인이 아니다. 다만, 불교 철학의 매력에 빠져 살았다. 삶이 힘들고 지칠 때 우연히 시작한 인문학 공부가 동양철학이었다. 노장 철학과 성리학을 공부하던 중 우연히 불교의 반야심경을 읽고서, 불교 철학에 빠져들었다. 과학자인 아인슈타인도 세계 인류의 미래의 종교는 불교라고 일갈하였다. 불교 철학은 현대 과학인 양자역학으로 증명되는 것이 진리임이 틀림없다.
 자전적 수필을 쓴다는 것은, 필연적으로 상당한 고통

을 수반한다. 어릴 적 아픈 기억을 끄집어내서 활자로 옮길 때는 더욱더 그렇다. 초고를 쓸 때는 마음으로 울었고, 퇴고하면서는 많은 눈물을 쏟아 내야 했다. 너무 고통스러워 쓰는 일을 그만두려고 할 때도 여러 번 있었다.

 글을 쓰면서 이미 나의 '한'이 되어 버린 '업식(業識)'을 비워 내려고 노력하였다. 그 일은 엄청난 고통을 견뎌 내야만 가능했다. 한편 한 편을 써 가면서 비로소 나는 자유인이 되어 가고 있었다. 고통스러운 작업은 계속되었고, 울분을 모두 쏟아 놓고서야 집착하는 마음을 어느 정도 내려놓을 수 있었다. 그 무엇에도 걸림이 없는 나는 대 자유인이 되고 싶었다.

 자전적 수필을 쓴다고 마음먹은 것은, 참선 수행 중 작은 깨달음이 있고 나서 한참 후의 일이다. 그동안 숨기고 싶었던 기억을 다시 꺼내어 쓰는 일은 쉽지 않았다. 나의 삶이 불행한 것은, 상대로 인한 것이라고 원망하였었다. 그러나 문제의 근원은 바로 내 안에 있다는 사실을 깨닫게 되었다. 원인을 나 외의 것(밖)에서 찾은 것이다.

 무엇에도 걸림이 없는, 자유로운 삶을 '무애(無碍)의 삶'이라고 한다. '짓눌린 삶의 무게에서 벗어나는 일'은 오직 집착하는 마음을 내려놓는 것이다. 집착도 욕심도 증오하는 마음도 모두 비우고 살아가기 위해서 이 책을 썼다. 이 책을 읽고 나와 유사한 삶을 사는 이에게 도움이 되었으면 한다.

이 책을 쓰면서 '해당 가족에게 혹시 피해가 되지 않을까.' 하는 마음에서 벗어날 수 없었다. 하지만 내가 힘들게 살아온 것은, 나의 마음에서 비롯됐다고, 누구의 잘못도 아니었다는 말로 합리화하려고 한다.

이제는 자유로운 글쟁이로 살고 싶다. 이웃과 정담을 나눌 수 있는 글을 쓰고, 때론 시류와 타협하지 않는 옹골진 모습으로, 또는 세상을 향하여 할 말은 하는 작가가 되고 싶다. 읽은 이에게 풍류를 아는 멋진 글쟁이였다고 기억되기를 희망한다.